KB175171

개정판

블렌디드 수업
설계 전략

개정판

블렌디드 수업 설계 전략

남정권 지음

 한국학술정보(주)

What is the most valuable in this world is to applaud God!
『Jeong—Kwun, Nam』

남기고 싶은 한 마디

언제나 그렇듯이 탈고 후에는
긴 터널을 빠져나온 느낌이다.

시동을 걸고 처음 운전하는 두려움과 설렘이
하나로 섞여 있는 첫 운전의 느낌만큼이나

새롭게 글을 쓰고 한 권의 책으로 탄생한다는 것은
살아있는 내 삶을 확인시켜주는 설렘과 두려움으로 남는다.

세월의 흐름 따라 오늘 흐르는 물은 어제의 물이 아니고
오늘 지나는 구름은 어제 흘러갔던 구름이 아니듯

새로운 지식과 정보들이 순환의 과정을 끊임없이 반복하며
새로운 변형의 몸짓을 함께하면서 더욱 정진하라고 손짓한다.

이 세상의 가치 있는 것들은 혼자이기보다는
어우러짐의 관계망 속에서 조화와 균형을 찾아가는 것처럼

우리의 지식 또한 고정된 틀이 아니라 변형되어가는 과정에서
혼합을 통해 늘 새롭게 어우러짐과 조화로움을 배우게 된다.

이 책은 그러한 의미에서 온라인과 오프라인의 블렌디드 수업을
추구하며 더욱 조화롭고 의미 있는 어우러짐을 찾기 위해 재수정되었다.

제 1부에서는 블렌디드 수업의 개념과 함께 수업설계 전략을 탐색하였다.
제 2부에서는 블렌디드 수업에서의 오프라인 수업사례를 제시하였다.
제 3부에서는 블렌디드 수업에서의 온라인 수업사례를 제시하였다.

이 책이 나오기까지 기도와 관심으로 후원해 준 아내 류재숙 님,
사랑하는 두 딸 송희, 지희와 함께 기쁨을 나누고자 한다.
또한, 기꺼이 출판을 허락해 주신 한국학술정보(주) 사장님과
관계자분들께 깊은 감사의 마음을 전한다.

아무쪼록 블렌디드 수업설계 전략으로 새 단장하여 뵙게 된 본서가
새로운 학문의 영역으로 뿌리를 내리고 자리매김하길 바라는 마음 간절하다.

2011년 어느 따스한 봄날
영종대교 불빛이 내려다 보이는
인천 검단 힐스테이트 3차에서
남정권 남김

목 차

제1부 | 블렌디드 수업 / 15

제2부 | 블렌디드 수업의 오프라인 수업 사례 / 95

　　제1장 특수학교의 사례 _ 97
　　제2장 초등학교의 사례 _ 109
　　제3장 중학교의 사례 _ 120
　　제4장 고등학교의 사례 _ 140
　　제5장 대학교의 사례 _ 151

제3부 | 블렌디드 수업의 온라인 수업 사례 / 157

　　제1장 초등학교의 사례 _ 159
　　제2장 고등학교의 사례 _ 179
　　제3장 기독교 학교의 사례 _ 193

참고문헌 / 205

색　인 / 207

표 그림 목차

〈표 1-1-01〉 블렌디드 수업의 과거와 현재, 미래 ·······················18
〈표 1-1-02〉 구조화된 이러닝의 정의 ·······································18
〈표 1-1-03〉 성공적인 블렌디드 수업을 위한 핵심 원칙 ···············20
〈표 1-1-04〉 Horton(2006)의 블렌디드 수업 전략 ·······················23
〈표 1-1-05〉 블렌디드 수업을 위한 활동 단계 ···························24
〈표 1-1-06〉 블렌디드 수업을 위한 코스 단계 ···························24
〈표 1-1-07〉 블렌디드 수업 시나리오 ·····································25
〈표 1-1-08〉 수업 목적에 따른 블렌딩 전략 ····························26
〈표 1-1-09〉 학습 요소들 ··27
〈표 1-1-10〉 지식 서비스들 ···28
〈표 1-2-01〉 타인과 나의 공통점 알기 ····································35
〈표 1-2-02〉 주제 선정을 위한 세 가지 단원의 예 ·····················37
〈표 1-2-03〉 수학과 학습 설계서의 예 ····································38
〈표 1-2-04〉 인터넷 주요 검색 엔진 ·······································41
〈표 1-2-05〉 웹 사이트 평가서 ···41
〈표 1-2-06〉 프로젝트 수업 계획서의 예시 ·······························43
〈표 1-2-07〉 스토리보드의 예 ···45
〈표 1-2-08〉 수업 진행 안내문의 예 ·······································57
〈표 1-2-09〉 학습자료 제작 평가의 예 ····································66
〈표 1-2-10〉 홍보물 제작 평가의 예 ·······································67
〈표 1-2-11〉 홈페이지 제작 평가의 예 ····································67
〈표 2-1-01〉 점자일람표 ···99
〈표 2-1-02〉 점자 기초 학습 단계적 단원 주제의 예 ·················102
〈표 2-1-03〉 수업 전 토론 사항 ··103
〈표 2-1-04〉 학습자와 학부모 및 교사의 역할 ························103
〈표 2-1-05〉 점자 학습 자료 ··105
〈표 2-1-06〉 점자 지도 계획안 ··106
〈표 2-1-07〉 점자 기초 학습에 관한 학습자 평가의 예 ···············107

〈표 2-1-08〉 점자 기초 학습에 관한 학부모 평가의 예 ·················107
〈표 2-2-01〉 짝꿍 소개하기의 예 ···································110
〈표 2-2-02〉 주제 선정을 위한 세 가지 단원의 예 ·················111
〈표 2-2-03〉 자료 탐색하기(웹 사이트 평가서의 예) ·················111
〈표 2-2-04〉 수업 계획서의 예 ·····································111
〈표 2-2-05〉 모둠 구성(역할 나누기)의 예 ·························112
〈표 2-2-06〉 파워포인트 스토리 보드의 예 ·······················112
〈표 2-2-07〉 수업 진행 안내문의 예 ·······························115
〈표 2-2-08〉 학습 자료 제작(파워포인트)에 관한 평가의 예 ·········117
〈표 2-2-09〉 학습 자료 제작(퍼블리셔)에 관한 평가의 예 ···········118
〈표 2-3-01〉 주제 선정하기의 예 ···································121
〈표 2-3-02〉 수업 계획 세우기의 예 ·······························122
〈표 2-3-03〉 조별 활동 계획의 예 ·································122
〈표 2-3-04〉 과학 수업의 설문지 결과 ·····························138
〈표 2-4-01〉 수업설계의 기본 틀 ···································142
〈표 2-4-02〉 모둠별 발표 예시 ·····································144
〈표 2-4-03〉 모둠별 계획 예시 ·····································145
〈표 2-5-01〉 주제 선정을 위한 세 가지 단원의 예 ·················152
〈표 2-5-02〉 수업 계획서의 예 ·····································153
〈표 2-5-03〉 조별 역할 나누기의 예 ·······························154
〈표 2-5-04〉 교수자 자료의 예 ·····································155
〈표 3-1-01〉 다양한 독서 프로그램 ·································161
〈표 3-2-01〉 종교 교과 교수·학습 계획서 ·························196

[그림 1-2-01] 체계적 접근(왼쪽)과 체제적 접근(오른쪽) ···31
[그림 1-2-02] 처방적 이론과 서술적 이론 ··31
[그림 1-2-03] 소개하기 화면의 예 ···35
[그림 1-2-04] 조별 역할 나누기의 예 ··44
[그림 1-2-05] 작업 창 및 그리기 도구상자 ···47
[그림 1-2-06] 인쇄용 발행물과 하위 메뉴 ··47
[그림 1-2-07] 퍼블리셔를 활용한 홍보물의 예 ① (정진자 作) ···48
[그림 1-2-08] 퍼블리셔를 활용한 홍보물의 예 ② (정진자 作) ···48
[그림 1-2-09] 새 발행물과 웹 사이트 작성기 ···49
[그림 1-2-10] 웹 페이지 옵션 창에서 배경 음악 넣기 ···50
[그림 1-2-11] 퍼블리셔 파일(왼쪽)과 웹 페이지파일(오른쪽)의 저장 ···51
[그림 1-2-12] 퍼블리셔를 활용한 웹 자료의 예 ① (정진자 作) ···52
[그림 1-2-13] 퍼블리셔를 활용한 웹 자료의 예 ② (정진자 作) ···52
[그림 1-2-14] 강의 자료의 예시 ① ···54
[그림 1-2-15] 강의 자료의 예시 ② ···54
[그림 1-2-16] 강의 자료의 예시 ③ ···55
[그림 1-2-17] 강의 자료의 예시 ④ ···55
[그림 1-2-18] 강의 자료의 예시 ⑤ ···55
[그림 1-2-19] 강의 자료의 예시 ⑥ ···56
[그림 1-2-20] 강의 자료의 예시 ⑦ ···56
[그림 1-2-21] 장비 사용 안내문의 예(퍼블리셔 사용) ···57
[그림 1-2-22] 수업 신청서의 예(퍼블리셔 사용) ··58
[그림 1-2-23] 교수 자료의 예시 ① (권미란 作) ···59
[그림 1-2-24] 교수 자료의 예시 ② (권미란 作) ···59
[그림 1-2-25] 교수 자료의 예시 ③ (권미란 作) ···59
[그림 1-2-26] 교수 자료의 예시 (장준형 作) ··60
[그림 1-2-27] 교수 자료의 예시 (윤원진 作) ··60
[그림 1-2-28] 자료 정리 폴더의 예 ··61

[그림 1-2-29] 새 컴파일 작업 창 ···63
[그림 1-2-30] 굽기 창 ··63
[그림 1-2-31] 쓰기 창 ··64
[그림 1-2-32] 작업 완료 창 ··64
[그림 1-3-01] 영어과 전자교과서의 단어 익히기(왼쪽)와 발음법(오른쪽)의 예 ·······74
[그림 1-3-02] 포켓 PC의 http://en.wikiped ···77
[그림 1-3-03] Captivate Random Quiz의 저작도구(왼쪽)와 실행화면(오른쪽) ··········82
[그림 2-1-01] 나를 소개하기의 예 ···100
[그림 2-2-01] 파워포인트를 활용한 발표 자료 ··113
[그림 2-2-02] 퍼블리셔를 활용한 홍보물 ···113
[그림 2-2-03] 파워포인트를 활용한 강의 자료 ··114
[그림 2-2-04] 퍼블리셔를 활용한 안내문 자료 ··114
[그림 2-2-05] 학교 홈페이지의 학급마당 활용의 예 ·····································115
[그림 2-2-06] 자료 정리 폴더의 예 ··117
[그림 2-3-01] 음파의 형성 ···133
[그림 2-3-02] 코일 주위의 자기장 ···135
[그림 2-3-03] 페러데이의 전자기유도의 법칙 ···136
[그림 2-3-04] 전기장의 형성 ···136
[그림 2-3-05] 폴더 정리하기의 예 ···138
[그림 3-1-01] 독서 포트폴리오 양식 ···166
[그림 3-1-02] 독서 퀴즈 양식 ··167
[그림 3-1-03] 독서 오름길 모습 ··168
[그림 3-1-04] 아침 10분 독서 ··168
[그림 3-1-05] 독서 일기 ···168
[그림 3-1-06] 책표지 만들기의 실제 ··169
[그림 3-1-07] 독서 신문 ···169
[그림 3-1-08] 좋은 책 소개하기 ··170
[그림 3-1-09] 독후감 모음 ···171

[그림 3-1-10] 독서 퀴즈 ···172

[그림 3-1-11] 독서 논술 ···173

[그림 3-1-12] 독서 토론방 ··174

[그림 3-1-13] 국어 온라인 가정학습 ···································175

[그림 3-1-14] 상담 게시판 ··175

[그림 3-1-15] 자료실 ···176

[그림 3-1-16] 디지털 도서관과 전자책 도서관 ·····················177

[그림 3-2-01] 우리나라 가상 박물관의 예 ···························181

[그림 3-2-02] 우리나라 패류 박물관의 화면 ·······················182

[그림 3-2-03] 우리나라 생물 다양성관의 화면 ·····················183

[그림 3-2-04] 우리나라 화석 박물관의 화면 ·······················184

[그림 3-2-05] 우리나라 천문 우주관의 화면 ·······················185

[그림 3-2-06] 우리나라 농업 박물관의 화면 ·······················186

[그림 3-2-07] 게임 활동을 위한 아리수 사이트의 초기 화면 ·····188

[그림 3-2-08] 단계별 화면의 예 ···189

[그림 3-2-09] 나처럼 해봐요 코너 화면 ·······························190

[그림 3-2-10] 연결 활동의 예 ··192

[그림 3-3-01] 온라인 학습활동 예시 ···································197

[그림 3-3-02] 흡수 활동 예시 화면 ·····································199

[그림 3-3-03] 이야기 가지치기의 예시 ·································199

[그림 3-3-04] 모서리 게임 예시 ···200

[그림 3-3-05] 친구 초청하기 예시 ······································203

제 1 부

블렌디드 수업

이 단원에서는 블렌디드 수업의 개념을 정의한 후, 이를 토대로 오프라인 수업과 온라인 수업에서의 블렌디드 수업설계 전략을 각각 소개하고자 한다. 오프라인 수업의 경우, 체제적 ICT 활용 수업설계 전략(남정권, 2007)에 기초한 블렌디드 수업 전략을 제시하였으며, 온라인 수업의 경우에는 이러닝(e-learning) 설계 전략(Horton, 2006)에 기초를 둔 블렌디드 수업 전략을 각각 제시하였다.

Ⅰ. 블렌디드 수업의 개념

1. 블렌디드 수업의 뜻

최근 교수·학습 분야에서 자주 사용되고 있는 블렌디드 수업(Blended Learning)은 2003년 ASTD(American Society for Training and Development)에서 지식전달을 위해 가장 중요한 10개 분야 가운데 하나로 소개하고 있다. 초기의 블렌디드 수업에 관한 용어는 오프라인과 온라인의 혼합을 의미하였으나(Horton, 2006; Romiszowski, 2004; Rothwell, 2006; Thorne, 2003) 최근에는 학습 목표나 내용에 따라 두 가지 이상의 다양한 학습방법과 도구, 기술, 학습 전략을 활용하여 학습 환경을 최적화하고 학습 경험과 업무 과제의 통합을 시도하는 전략적 학습방법으로 활용되고 있다(송영수, 2003). 이러한 현상은 Driscoll(2002)의 주장과 일맥상통한다. 즉, 블렌디드 수업의 특성이 다양한 웹 기술 간의 결합, 웹 기반 학습과 오프라인 학습의 결합, 다양한 교육학적 접근 방법론 간의 결합, 학습과 업무 간의 조화로운 효과를 창출하기 위한 업무 및 과제 간의 결합으로 볼 수 있기 때문이다. 한편, 과거에는 컴퓨터 중개 수업(Computer Mediated Instruction; 이하 CMI로 지칭함)과 면대면 수업이 서로 분리된 학습 방법이었으나, 블렌디드 수업으로 인해 컴퓨터가 기반이 되는 CMI의 중요성은 더욱 강조되고 있으며, Graham(2006)은 블렌디드 수업을 CMI와 면대면 수업의 결합으로 정의하고 있다. 그렇다면 블렌디드 수업이 되기 위해서는 어떠한 요소들이 필요한가? Ure와 Graham, Allen(2003)은 첫째, 수업 형태나 전달 매체의 결합 둘째, 수업방법의 결합 셋째, 온라인과 면대면 수업의 결합을 블렌디드 수업의 공통 요소로 규정하고 있다.

따라서 최근의 블렌디드 수업은 과거와 달리 단순한 온라인과 오프라인의 결합만이 아니라 수업방법이나 매체의 결합까지도 포함한다고 볼 수 있다. 이를 정리하면 블렌디드 수업을 다음과 같이 정의할 수 있다.

> 블렌디드 수업이란 컴퓨터를 기반으로 하는 CMI와 면대면 수업의 결합을 포함하여 수업 방법과 지식 전달을 위한 매체간의 결합을 의미한다.

최근의 블렌디드 수업은 전통적인 교사중심의 면대면 수업대신 상호작용이 빈번한 CMI 환경의 증가로 인해 자기조절학습과 비동시적인 텍스트 기반의 상호작용이 강조되고 있다. 그러한 이유는 면대면 학습 환경에서는 학습자 끼리 상호작용을 중시하지만, CMI 환경은 학습자간의 동시적 상호작용이 어려워 학습자와 매체간의 상호작용이 더욱 필요해지고 있기 때문이다.

〈표 1-1-01〉 블렌디드 수업의 과거와 현재, 미래

시대	면대면과 CMI 학습환경
과거	서로 분리됨
현재	블렌디드 수업의 증가
미래	대부분 블렌디드 수업 실현

Romiszowski(2004)는 이러닝에 관련된 100개의 문헌 연구 중 20개 이상이 서로 다른 정의를 내리고 있다고 지적하면서 이러닝을 시각적으로 구조화하여 제시하였다(<표 1-1-02> 참조).

〈표 1-1-02〉 구조화된 이러닝의 정의

학습방법 의사소통	개인적인 자기학습 컴퓨터 기반 수업 / 학습 / 훈련	집단 / 협력 학습 컴퓨터 중개 통신(CMC)
온라인 학습 동시적 의사소통 (실시간)	인터넷 탐색, 학습(지식, 기술)이나 정보를 얻기 위한 웹 사이트 접속: WebQuest 등	비디오, 오디오 채팅 / 비디오 컨퍼런싱: IRC, NetMeeting 등
오프라인 학습 비동시적 의사소통 (비실시간)	독립형 코스웨어 사용 / 인터넷에서 자료 다운받기	이메일, 토론 목록에 의한 비동시적 의사소통 및 학습관리시스템: WebCT 등

또한, 이러닝은 부분적으로 교실과 온라인을 통해서 이루어지기 때문에 블렌디드 수업 모형이 필요하다고 주장하면서, 전통적인 면대면 교육과 결합된 원격 교육의 방법으로 블렌디드 수업을 정의하고 있다.

블렌디드 수업에 관한 용어는 "Blended Learning", "혼합형 학습", "혼합형 수업" 등으로 다양하게 불리고 있으나, 교수자 입장에서 교수(teaching)란 용어가 적절하듯이 학습자 입장에서는 학습(learning)이란 의미가 보다 설득력을 갖는다. Rothwell(2006)의 지적대로 교수자가 학습자와 상호작용을 구축하여 제공하려는 노력 없이 파워포인트나 웹을 사용하여 단순히 페이지를 넘기는 학습방식을 탈피하기 위해 블렌디드 수업은 탄생되었다. 따라서 본 책에서는 교수자와 학습자의 다양한 상호작용 지원과 해결책을 위해 교수와 학습을 포함하는 폭넓은 개념으로서 블렌디드 수업으로 지칭하고자 한다.

블렌디드 수업은 전통적인 면대면 교실 수업과 사이버학습의 장점을 보완하기 위하여 기업교육 분야에서 처음 도입한 개념이다. 그러나 이러한 블렌디드 수업이 기업교육 분야에서 학습과 업무 성과의 향상을 목적으로 활용되고 있지만, 이를 학교 교육 현장에 설계 전략을 도입하여 적용한다면 긍정적인 영향을 미칠 것이다(임정훈, 2004). 따라서 본 책에서는 우리나라 교육환경에 가장 적합한 블렌디드 수업 전략을 제시하고 이를 실제 학교 현장에 적용한 사례를 소개하고자 한다.

2. 블렌디드 수업의 필요성

블렌디드 수업은 단지 매체나 학습방법을 혼합하면 되는 것인가? 또한, 기존의 교실수업을 배제한 전혀 새로운 학습방법을 의미하는 것인가? 블렌디드 수업은 왜 필요하며, 어떻게 수업하도록 설계할 것인가? 이러한 문제에 대한 해결을 위해 블렌디드 수업에 있어서 무엇보다 중요한 것은 수업의 방법이 아니라 수업의 목적이다. 다시 말해 수업의 주체가 학습자이기 때문에 수업 목적을 달성하기 위한 모든 초점이 학습자에게 맞추어져야만한다. 따라서 블렌디드 수업에 있어서는 무엇보다 학습자 개인의 요구에 가장 적합한 맞춤식 학습이 되어야 한다. 이와 함께 자기 계발을 도모하기 위해 다양한 학습 해결책을 제공함은 물론 시간과 공간을 초월하여 접근 가능한 온라인 교육의 장점도 최대한 활용해야 한다. 아울러 교실 수업에서는 교수자와 학습자 간 상호작용 기회를 확대하고 학습자들의 적극적인 참여를 유도하기 위해 다양하고 통합적인(integrated) 학습 기회를 제공해야 할 것이다. 이는 결국 블렌디드 수업이 학습자를 위해 적재적소에 가장 적합한 수업을 제공하며, 학습자들의 경험을 이끌어내는 실질적인 기회를 제공하기 때문이다.

Thorne(2003)은 블렌디드 수업이 성공하기 위한 여덟 가지 핵심 원칙을 다음과 같이 제시한 바 있다(<표 1-1-03> 참조). 따라서 블렌디드 수업이 성공을 거두기 위해서는 혼합된 학습방법이나 매체 가운데 어느 것 하나를 선택하는 것이 아니라, 이러한 핵심 원칙에 기초하여 부족한 부분을 보완해야 한다. 예를 들어 전통적인 수업방법인 의사소통, 관찰법, 질문법, 경청, 피드백 등을 기본으로 하되, 이러한 방법의 적용이 어려운 부분을 온라인으로 대체함으로써 학습 기회를 풍부하고 깊이 있게 제공하는 것을 의미한다. 이를 위해 교수자는 자신의 자료가 학습 과정 가운데 어디에 적합한지를 확인해야 하며, 학습자가 교실 수업을 통해 무엇을 배우려는지를 인식한 후, 학습 내용을 효과적으로 전달하거나 부가적인 방법들을 확인해야 할 것이다.

블렌디드 수업설계는 단순히 학습자의 요구를 분석하고 개발하는 수준에 머무는 것이 아니라 학습자의 창의적인 과정을 탐색하도록 지원되어야 한다. 창의력이란 유창성(fluency), 유연성(flexibility), 독창성(originality), 정교성(elaboration)을 의미한다. 유창성은 학습

〈표 1-1-03〉 성공적인 블렌디드 수업을 위한 핵심 원칙

핵심 원칙	내 용	적용 방법
1. 주요 학습 요구 확인	• 온라인 학습 이외의 다른 해결책 제시 • 다양한 시각과 함께 창의적인 시각에서 바라볼 수 있는 능력 신장 • 맞춤학습과의 연계성 강화	• 질문, 경청, 피드백 등 다양한 의사소통 기술 활용
2. 요구 수준의 설정	• 유연성을 살려 미래의 학습요구 예측 • 개발과 함께 요구 사정이 필요함	• 핵심 이해 당사자의 교육 및 조직 내 문화 형성
3. 다양한 학습 양식 인지	• 선호하는 학습 양식과 학습방법 고찰	• 학습 양식에 적합한 교육 프로그램 제공
4. 다양한 학습방법 활용	• 매체 활용보다는 창조적인 기회가 제공될 것 • 흥미롭고 다운 시간 절약되는 자료 필요 • 현재 상태를 분석한 후, 한 차원 수준 높은 학습 활용 기회 제공	• 단계별 스토리보드 및 플로 차트 작성 • 온라인, CD-ROM 활용 • 온라인 평가 • 관찰일지, 오프라인 자원 개발 • Q&A, FAQ와 함께 이메일 및 온라인 네트워크 구성
5. 학습 목표 규명 및 교육관계자 참여 확보	• 학습방법의 결합을 통해 정교화하고 맞춤식 해결책 제시 • 교육 관계자 참여 유도	• 목표 구체화를 위한 사전 검사(pilot test) 실시 • 피드백 기회 제공
6. 교육과정 실행 및 친숙한 시연 개발	• 학습자에게 가장 적합한 해결책을 발견하도록 도울 것	• CEO 및 관리자, 교수자에게 시연
7. 후속적인 코칭 지원 준비	• 학습자를 지원하기 위한 인적 자원 연결	• 인적자원 형성
8. 교육의 효과 평가를 위한 모니터링 과정 수립	• 효과적인 모니터링 및 평가 실시	• 모니터, 평가 자료 개발 및 실행

자가 얼마나 많은 아이디어를 생각하고 만들어내는가를 의미하며, 유연성은 어떤 일을 수행하거나 사물을 활용하는 데 있어서 얼마나 다양한 방식으로 사고하는가를 뜻한다. 또한, 독창성은 학습자가 어떤 사물을 다른 각도에서 독특하게 사고하는가를 의미하며, 정교성이란 어떤 아이디어를 좀 더 세분화하고 꾸며서 사고하는가를 나타내는 능력을 말한다. 따라서 블렌디드 수업은 다양한 학습 환경과 함께 주어지는 아이디어와 요소들을 어떻게 통합하고 혼합시킬 것인가를 중시하기 때문에 무엇보다 창의력이 필요하며, 이러한 창의력 증진을 위해서는 토니부잔(Tony Buzan)의 마인드맵이나 드 보노(De Bono)의 여섯 가지 사고모자, 브레인스토밍 기법 등이 도움이 될 것이다.

그렇다면 블렌디드 수업은 왜 필요하며, 교수자가 블렌디드 수업을 선택하는 이유는 무엇일까? Osguthorpe 와 Graham(2003)은 블렌디드 수업이 필요한 이유를 첫째, 풍부한 교수법 제공 둘째, 지식에 대한 쉬운 접근성 셋째, 사회적 상호작용 증진 넷째, 많은 사람들과의 만남 및 소개 다섯째, 비용의 효과성 여섯째, 필요할 때 언제든지 수정하여 사용하기 쉬움 등 여섯 가지로 규정하고 있다. 이 가운데 블렌디드 수업을 선택하는 가장 중요한 세 가지 요소는 개선된 교수법, 접근의 용이성과 융통성, 비용 효과성 등이다.

첫째, 개선된 교수법으로 인한 블렌디드 수업의 선택

기존의 면대면 수업방식에서는 지식 전달 중심으로 이루어지고 있기 때문에 고차원적이거나 협력을 위한 상호작용을 위해서는 제한을 받을 수 밖에 없다. 미국의 경우, 2001년 대학교육의 약 83%는 이러한 제한성을 지닌 면대면 수업방식이었으나, IBM 기업의 경우 배경 지식을 얻을 수 있는 온라인 자기조절 학습, 강의방식 대신 응용력과 경험 및 실천 학습을 중시하는 면대면 학습 실험실 개발, 작업장에 즉시 전달하여 활용 가능한 온라인 학습 등의 개선된 교수법을 적용하였다.

둘째, 학습을 위한 접근성으로 인한 블렌디드 수업의 선택

접근성은 CMI 환경에 매우 중요한 요인이 되며, 이는 학습자의 융통성과 편리함을 증가시킬 수 있다.

셋째, 비용의 효과성을 고려한 블렌디드 수업의 선택

협력활동과 함께 고차원적인 수업을 구현하기 위해서는 비용의 효과성이 고려되어야 한다. 다시 말해 멀리 떨어진 학습자들이 동시에 수업하고 이들에게 보다 풍부한 학습력을 제공하기 위해서는 블렌디드 시스템을 적용해야만 한다.

3. 블렌디드 수업에서 교수자의 태도

Rothwell(2006)은 이러닝이나 블렌디드 수업 환경에서 교수자들에게 가장 중요한 것은 지식과 기술의 부족에 관해 표현하는 태도라고 강조한 바 있다. 이를 위해 교수자는 우선, 존재하는 매체(technology) 가운데 어떤 것들이 필요하며 중요한가를 인식(awareness)하는 것이 중요하다. 이러한 지식 습득을 위해 교수자는 최신 서적이나 잡지, 정기적인 학회, 학술대회 등에 참여하거나 유용한 웹 사이트를 통해 최근 매체에 관해 인식하고 파악하는 것이 필요하다. 둘째, 학습자와 공동체를 구축하여 활용해야 한다. 이는 학습자들 가운데 사회적으로 관련 지식에 관해 다양하고 풍부한 경험이나 지식을 가진 사람들로부터 도움을 받는다면 매우 효과적인 지식 습득의 방법이 되기 때문이다. 셋째, 사전에 학습 계획을 개발한 후 기술(skill)을 구축해야 한다. 가치 있는 학습을 위해 문제가 무엇인지를 묻고, 그러한 문제에 대해 구체적이며 실제적인 계획을 세울 때 성공적인 수업이 될 수 있으며, 이러한 계획을 기초로 개발된 학습 자료나 매체는 성공률이 높기 때문이다. 넷째, 기술을 적용하되 현재 교육하고자 하는 조직과 개인의 학습 요구(needs)에 적합해야 한다. 교수자는 사전에 조직의 특성과 함께 학습자가 무엇을 원하고 필요로 하는지를 파악함으로써 제대로 된 기술을 적용시킬 수 있기 때문이다. 다섯째, 교수자가 직접 실행하고 경험해야 한다. 그러한 이유는 가치 있는 학습이란 실행 도중 우연히 또는 뜻밖에 일어날 수 있으며, 기술이나 지식은 경험을 통해 빛을 발하기 때문이다. 여섯째, 교수자는 다른 사람의 피드백을 구하려고 적극적으로 시도해야 한다. 실험 결과를 다른 사람에게 물어보고 조직과 개인의 요구에 적합한 블렌디드 해결책이 어떤 것인가를 찾아냄으로써 개발된 매체가 현실에 적합한지 혹은 또 다른 좋은 방법은 없는지를 점검할 수 있기 때문이다. 마지막으로 희망을 잃지 말고 꾸준한 노력과 연구하는 자세가 필요하다. 교수자는 모든 일에 전문가가 될 수 없으며, 모든 매체를 다루는 데 있어서 전문가 수준으로 수행할 수 없다. 따라서 끊임없이 배우고 꾸준히 노력하는 자세가 무엇보다 중요하다.

4. 블렌디드 수업 전략

Horton(2006)은 블렌딩(Blending)이란 복잡한 문제로서, 이는 가능한 많은 학습 활동을 혼합하는 방법을 내포하고 있다고 말한 바 있다. 따라서 어떤 과제를 단순화하기 위해

〈표 1-1-04〉 Horton(2006)의 블렌디드 수업 전략

지 식			믿 음	
• 문제에 대한 해결방법 • 해결 요소들			• 파괴적, 건설적	
태 도			행 동	
• 열린 마음 또는 닫힌 마음			• 객관적, 주관적	
가르치려는 목적	최선의 방법	요구대상(개인, 동료)		전달 방법
문제 해결 방법, 열림 또는 닫힘	암기법, 실습, 사례 연구	개인, 동료		웹, 교과서, 교실

서는 혼합 수준이 각기 다르다는 점을 고려해야 한다. 전략적인 블렌딩은 수업 목표에 기초한 교실과 이러닝에서 발생하는 다양한 사건들(events)을 혼합하는 것이다. 이를 위해 여러 가지 요소 가운데 우선 기술(skill)을 분석해야 한다. 즉, 가르칠 기술이 무엇이며, 누구에게 가르칠 것이며, 학습자들이 무엇을 알고 있는지, 그들의 태도와 함께 무엇이 가능한가를 살펴보아야 한다. 이를 정리하면 지식, 믿음, 태도, 행동의 네 가지 요소로 정의될 수 있다. 둘째로는 확인하는 일이다. 무엇을 가르쳐야 하고 최선의 방법은 무엇인지, 그리고 개인이나 동료가 원하는 것이 무엇인지, 또한 전달하려는 것은 무엇인지를 구체적으로 확인하는 일이 필요하다.

5. 블렌디드 수업 모형

블렌디드 수업 모형은 상황에 따라 다양하게 설계될 수 있다. Graham(2006)은 4단계 블렌디드 모형을 제시하였는데, 이는 활동(active) 단계, 코스(course) 단계, 프로그램(program) 단계, 제도적(institutional) 단계를 각각 뜻한다.

1) 활동 단계

이 단계는 면대면과 CMI 학습 환경을 모두 포함한다. 즉, CMI의 전문적인 기술을 교실에서 어떻게 사용할 것인가를 고려하여 적용함으로써 면대면과 사이버학습 매체를 통해 학습하고자 하는 거시적인 윤곽을 표현하는 과정이다. 이러한 활동 단계는 교실이 아닌 실세계와 관련을 맺고 있으며, 주어진 과제나 문제들이 비정형화되고 쉽게 해결되지 않기 때문에 학습자들은 다양한 해결책을 통해 자신의 독특한 방식으로 주어진 과제를 확인하고 찾아내야 한다. 따라서 진정한 학습 활동이 이루어지기 위해서는 주어진 과제들을 쉽게 성공하거나 모방하기보다는 이론과 실제적인 측면에서 다양한 문제들을 실습해 보는

기회가 주어져야 한다. 이를 위해 학습자들에게 협력할 수 있는 기회도 함께 마련되어야
할 것이다. 또한, 학습 활동은 반드시 평가(assessment)와 연결되어 학습자들이 자신을 성찰
하도록 과제와 함께 주어져야 하며, 다양한 해결책과 다양성이 인정되어야 한다.

블렌디드 수업을 위한 활동 단계를 구체화하면 다음과 같다.

〈표 1-1-05〉 블렌디드 수업을 위한 활동 단계

활동 단계	블렌디드 수업
• 실세계와 관련성 맺기	• 교실이 아닌 실생활과 사례를 통해 ICT 매체를 사용하여 온라인 의사소통하기
• 비정형화된 과제를 명확하게 하기	• 과제 해결에 필요한 전략적 사고와 계획의 사전 제공
• 학습자들에게 복잡한 과제 제시	• 과제를 실행하는 방법을 뛰어넘는 재설계 가능한 과제 방법의 훈련
• 다양한 자원을 사용하여 과제 해결하기	• 온라인과 면대면 의사소통을 통해 외부 전문가와 함께 과제 해결하기
• 협력 기회의 제공	• 온라인 의사소통과 면대면 활동을 통해 집단 활동과 팀워크 촉진
• 성찰 기회의 제공	• 면대면 활동 및 개인일지, 웹 로그 등 온라인 의사소통을 위한 성찰활동 지원
• 서로 다른 영역과의 통합	• 온라인 의사소통과 정보 연결을 통해 지원 가능한 활동들의 통합
• 평가를 포함하는 통합	• 실행보다는 설계 방식의 기능 향상
• 가치를 지닌 완성된 산출물 출력	• 실행보다는 설계 방식의 기능 향상
• 해결책 제안 및 산출물의 다양성 인정	• 실행보다는 설계 방식의 기능 향상

2) 코스 단계

이 단계는 블렌딩의 가장 일반적인 방법 가운데 하나이며, 면대면과 CMI 활동의 결합
이 이루어진다. 코스단계의 학습 활동 분석은 다음과 같다.

〈표 1-1-06〉 블렌디드 수업을 위한 코스 단계

코스 단계	설 명
• 소개	• 코스를 위한 규칙이나 학습자들의 개인 경험과 배경 소개하기
• 정보 수집	• 코스에 관련된 문제 파악을 위해 참가자들의 학습장 및 주제 관련 정보 수집
• 개발 및 산출	• 학습장에 직접 사용될 산출물 개발
• 공유와 성찰	• 성찰 보고서에 주어진 주제의 경험을 서로 나누고 웹 환경에서 집단 토론을 실시함. 이때 교수자가 모니터하여 필요시 피드백이나 조언을 수행함
• 비교와 대조	• 참가자들이 학습장이나 자신의 경험을 통해 서로 제안한 것을 비교하고 대조함
• 자기분석	• 참가자들이 자신의 지식 및 기술의 차이를 확인하기 위한 자기분석
• 성찰	• 마지막 활동 단계로서 참가자들이 스스로 무엇을 배웠는지를 점검하고 성찰함

3) 프로그램 단계

이 단계는 두 개의 모형으로 이루어진다. 하나는 참가자들이 면대면과 온라인 코스를 서로 혼합하여 선택하는 방법이며, 다른 하나는 면대면이든 온라인 코스이든 관계없이 프로그램별로 처방된 두 개의 요소를 결합하는 방법이다.

4) 제도적 단계

제도적 단계는 면대면과 CMI 수업을 혼합하여 조직적으로 제공하는 단계이다. 미국의 IBM사 와 Sun Microsystem사, Phoenix 대학교에서는 온라인 활동이 진행되는 코스의 시작과 마지막 부분에서 실제 이루어지고 있다.

블렌디드 수업은 사전에 자기학습의 과정을 거친 후, 면대면 수업을 위한 교실과 CMI를 활용한 사이버 교실을 혼합하여 수행한다. 이를 도식화하면 다음과 같다.

〈표 1 - 1 - 07〉 블렌디드 수업 시나리오

단 계	내 용
• 수업 전	• 사전 자기학습
• 1차시	• 교실수업
• 2차시	• 사이버수업
• 3차시	• 이러닝
• 4차시	• 사이버수업
• 5차시	• 교실
• 수업 후	• 수업 공동체의 뉴스그룹

따라서 효과적인 블렌디드 수업을 위해서는 수업의 목적에 따라 각각 적합한 교수전략이 함께 마련되어야 한다. 즉, 수업을 위한 블렌딩의 목적은 첫째, 열린 상호작용 둘째, 지식창조 셋째, 정보 나누기 넷째, 능률 관리의 네 가지 형태로 구분될 수 있다. 이에 대한 각각의 전략은 다음과 같다.

블렌디드 수업의 목적	효과적인 전략의 예
열린 상호작용	• 소집단 토론 생성, 팀 토론 • 독서 논쟁과 토론, 교실 강의의 통합 지원 • 촉진자, 수행 역할 할당 • 학습자 수행의 평가에서 온라인 활동 통합 • 온라인 활동 중 교실 수업시간 감축
지식 창조	• 온라인 교실에 외부 전문가 초청 • 동시적 및 비동시적 온라인 상호작용 결합 • 온라인 토론을 위해 검토 요소에 대한 학습자 요구의 앵커드 학습 증진 • 학습자 수행평가에서 온라인 활동 통합 • 온라인 활동 중 교실 수업시간 감축
정보 나누기	• 수업 시작 전 읽기를 위한 소논문 제공 • 검토 이후 수업 동안 사용되는 매체 제공 • 학습자의 소논문과 자료의 검토 및 추적 • 자료 점검 미 수행 학습자에게 개인 메시지 전송
능률 관리	• 과제의 전자 제안 허용 • 표준화된 피드백의 목록 생성 • 개인 메시지와 표준화된 피드백 결합

6. 블렌디드 수업의 미래

블렌디드 수업은 1998년 이러닝과 교실 수업을 혼합한 매체로서 폭발적인 관심을 일으키며 연수 및 학습, 수업 측면에서 중요한 역할을 하였다. 특히, 학교에서는 강의나 토론, 숙제, 독서과제, 논문 개발, 그룹 프로젝트, 과제 및 시험, 일대일 코칭을 지원하기 위한 교수법으로 사용되었다. 이러한 이유는 블렌디드 수업이 동료끼리의 대화나 노트의 공유, 협력을 통한 과제 해결, 도서관 검색, 다른 학습자의 성공적인 모델 점검 등을 통해 학습자들의 학습을 지원하고 촉진하기 때문이다.

이러한 블렌디드 수업의 출현은 학습자에게 지식을 제대로 전달하기 위한 매체의 발달과 깊은 관계가 있다. 1450년 Gutenberg가 처음 인쇄술을 소개한 이후 1840년 속기를 활용한 서신학습, 1900년대의 오디오 녹음기, 1920년대 라디오 방송국, 1930년대 텔레비전, 1960년대 인공위성 및 텍스트 기반의 인터넷 등장, 1980년대 광섬유와 시청각 교수 및 CD-ROM의 출현, 1990년대 웹의 등장은 종전의 면대면과 온라인을 결합한 블렌디드 수업을 촉진하는 기폭제가 되었다.

그렇다면 학습을 위한 요소들과 지식 서비스들에는 어떠한 것들이 있는가? 학습 요소에는 학습(studying), 교수(teaching), 실습(practicing), 코칭(coaching)의 네 가지로 각각 분류되며, 이 가운데 학습이란 학습자 스스로 내용 전달 중심의 학습 매체를 사용하는 것을 말한다. 교수는 교수자에 의해 내용 전달 중심으로 이루어지는 활동들이다. 반면에 실습은 학습자들이 자신의 경험이나 실습을 토대로 스스로 해결해가는 과정이며, 코칭은 교수자에 의해 이루어지는 경험이나 실습 활동을 의미하는데, 이를 도식화하면 다음과 같다.

<표 1-1-09> 학습 요소들

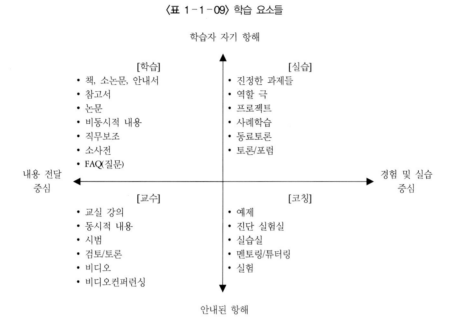

반면, 지식 서비스에는 탐구(exploring), 참여(participating), 통지(informing), 안내(guiding)의 네 가지 요소로 각각 구분된다. 학습자 스스로 내용을 수집하는 것은 탐구 활동이며, 교수자가 개입하여 내용을 수집하도록 지원하는 활동은 통지에 해당된다. 또한, 학습자 스스로 다른 사람을 연결하는 것은 참여 활동이며, 교수자에 의해 다른 사람을 연결시켜 주는 것은 안내 활동이다. 이를 도식화 하면 다음과 같다.

〈표 1-1-10〉 지식 서비스들

학습자 자기 항해

[탐구]
• 내용 저장
• 학습 내용 관리
• 수행 지원
• 자원센터
• 학습 포털
• 전자서적

[참여]
• 온라인 공동체실습
• 토론 포럼 및 채팅
• 재능관리자
• 학습 공동체들
• 즉시적 메시지

내용 수집 ←——————————→ 사람 연결

[통지]
• 지속적인 학습
• 기술평가
• 온라인 학습
• 가상교실
• **블렌디드 수업**
• 온라인 자격증
• 학습 관리

[안내]
• 협력
• 전자 멘토링 또는 원격코칭
• 웹 컨퍼런싱
• 시뮬레이션
• 기술 관리
• 전문가와 상호작용
• 온라인 실험실

안내된 항해

블렌디드 수업을 설계할 때에는 여러 가지 요소들이 고려되어야 한다. 특히, 어느 범위까지 어떤 관점에서 블렌딩을 할 것인가에 따라 블렌디드 수업은 각각 다르게 적용되기 때문이다. 학습자들의 편리성을 도모하기 위해 기존의 학습 경험에 추가적인 융통성을 부여하는 경우, 사용이 용이한(enable) 블렌딩이 있는가 하면 교수·학습방법의 점진적인 변화를 추구하기 위해 면대면 학습 환경에 온라인 매체를 약간 추가하는 증강(enhancing) 블렌딩, 학습자의 능동적인 상호작용을 통해 즉시적인 교수·학습 방법의 변화를 추구하는 변형(transforming) 블렌딩이 있다.

그러나 블렌디드 수업 시스템을 설계하는데 있어서는 블렌딩의 종류에 관계없이 다음의 여섯 가지 사항이 고려되어야 한다.

첫째, 면대면 환경과 CMI 환경이 결합될 때 학습자들은 자신들이 좀 더 경험한 것들을 사용하고자 한다. 따라서 협력과 학습 공동체를 언제 구성하여 상호작용을 할 것인지에 대한 상호작용의 역할이 필요하다.

둘째, 학습자들이 손쉽게 선택하여 참여할 수 있는 편리함과 접근성에 기반을 둔 블렌딩을 위해서는 학습자 스스로의 선택과 자기조절의 기회가 제공되어야 한다.

셋째, 블렌딩 환경에서의 지원과 연수에 관계된 다양한 문제들이 고려되어야 한다. 예를 들어 교수자에게 필요한 시간 확보, 학습자가 면대면과 CMI 환경에서 성공적인 매체 기술의 사용, 블렌디드 수업을 수용하는 조직 문화의 변화, 교수자에게 온라인과 면대면 수업을 위한 전문성 및 기술 제공 등 다양한 교수·학습 지원책이 마련되어야 한다.

넷째, 새로운 방식과 매체에 대한 혁신적인 변화와 함께 결과물을 만들어 내기 위한 균형 감각이 필요하다. 너무 혁신적인 학습방법이나 매체만을 강조한 나머지 산출물을 만들 수 없거나 지루한 결과물이 나오는 것은 피해야 한다.

다섯째, 급속히 변화하는 CMI 매체에 학습을 적용하는 능력이 필요하다.

여섯째, 개인 또는 집단이 상황에 따라 쉽게 이용할 수 있는 정보와 통신 매체가 제공되어야 한다. 각기 다른 학습 환경과 매체의 특성을 고려하여 학습자들이 언제나 활용할 수 있는 적응력을 제공해야만 한다.

미래의 학습 시스템은 블렌딩의 여부에 달린있는 것이 아니라, 면대면과 CMI 교수·학습 환경을 어떻게 블렌딩 할 것인가가 중요하다. 따라서 교수자는 각각의 학습 환경에 가장 적합한 면대면과 CMI 환경의 수업 전략을 위해 이들을 어떻게 결합할 것인지를 고려하여 설계해야 할 것이다.

Ⅱ. 오프라인(off line) 환경의 블렌디드 수업설계

오프라인 환경에서의 수업설계는 다양한 방법이 존재하겠으나, 본 책에서는 학교 현장에서 널리 활용되고 있는 정보통신기술(Information & Communication Technology; 이하 ICT로 칭하기로 함)을 바탕으로 한 체제적(systemic) 수업설계를 소개하고자 한다. 이는 수업설계 방식에서 체제적 접근이 순차적인 단계를 따르지 않고 언제, 어디서나 학습할 수 있는 통합적이고 전체적이며 순환적인 과정을 의미하기 때문이다(남정권, 2007).

1. 체제적 접근과 체계적 접근

1) 체제적 접근과 체계적 접근

수업설계 방식은 거시적 관점에서 체제적(systemic) 접근과 체계적(systematic) 접근으로 나눌 수 있다. 체계적 접근이 논리적 순서에 따라 하나씩 절차를 따라가는 선형적이며 단계적인 방식(Molenda, Pershing & Reigeluth, 1996)인 반면 체제적 접근은 단계를 따르지 않고 언제, 어디서나 학습할 수 있는 통합적이고 전체적이며 순환적인 과정을 의미한다. 따라서 체제적 접근의 수업설계를 위해서는 설계자가 전체적인 수업 체제와 요소들이 상호 의존적 관계라는 인식을 끊임없이 가져야 한다(Molenda, Pershing & Reigeluth, 1996).

그렇다면 교수설계에 있어서 설계자들은 왜 체제적 접근을 사용해야 하는가? 지금까지 다루어온 수업설계는 체계적 접근으로 인해 성별이나 지역, 인종과 같은 학습자 특성이 무시되어 왔으며(Knupfer, 1997; Powell, 1997), 전체적인 수업 과정을 다루기 위해서는 이들 특성을 고려한 체제적 설계가 필수적이다(Richey, 1995).

특히, Dick과 Carey & Carey(2005)는 최근 개정된 그들의 저서 "The Systematic Design of Instruction" 제 6판에서 체제적 접근의 사용 이유를 다음과 같이 세 가지로 제시하고 있다. 첫째, 수업설계를 할 때 학습 초기에 학습자들이 무엇에 대해 알거나 수업이 끝날 때 무엇을 할 수 있는지 등 구체적인 설명 없이 다음 단계로 이어진다. 따라서 모든 계획과 실행 과정은 불분명하고 비효과적이기 때문에 보다 정밀하고 구체적인 설계가 필요하다. 둘째, 체제적 접근의 성공 여부는 수업 전략이 원하는 학습 결과와 어떠한 관계를 맺고 있는가에 달려 있다. 그러한 이유는 학교 현장에서의 수업 활동이 가르치는 기술(skill)과 특정 지식에 맞추어져 있기 때문에 수업 전략에 적합한 학습 결과를 얻기 위해서는 적절한 조건들이 지원되어야 한다. 셋째, 체제적 접근이 성공을 거두기 위해서는 무엇보다 경험적이고 반복되는 과정이 필요하다. 수업의 목적이 단순히 지식만을 전달하는 것이 아니라 학습에 관련된 시간이나 평가, 또는 수정을 위해 기울이는 노력들이 가치 있게 제공되기 위해서는 체제적 접근이 되어야 한다.

지금까지 살펴본 것처럼 학습자의 환경이나 맥락을 고려한 체제적 수업설계는 학습 도중에 발생하는 다양한 학습 환경들을 고려해야 한다. 따라서 체계적 접근과 달리 학습자가 중심이 되어야 하며, 이를 지원하기 위한 구성주의 이론을 기반으로 설계될 필요가 있다.

[그림 1-2-01] 체계적 접근(왼쪽)과 체제적 접근(오른쪽)

2) 처방적 이론과 서술적 이론

우리가 수업설계를 하고자 할 때, 설계자로서 고려해야 할 중요한 세 가지 요소는 비용(cost)과 함께 접근성(access)과 질(quality)적인 문제이다. 이 가운데 수업의 질적인 문제는 교육에 있어서 매우 중요한 영역을 차지하고 있다(Hawkridge, 2002). 따라서 수업내용의 질과 함께 수업과정의 질적인 타당성을 확보하기 위해서는 서술적 이론과 함께 처방적 이론에 기초한 수업설계를 동시에 고려할 필요가 있다. 서술적 이론에서는 a라는 수업방법이 b라는 조건하에서 실행된다면, c라는 결과가 얻어지는 반면, 처방적 이론은 b라는 조건하에서 c라는 결과를 얻기 위해서 a라는 수업방법을 사용해야 한다는 것을 뜻한다. 이때 서술적 이론에서는 수업방법과 학습조건이 독립변인이고 결과가 종속변인이지만, 처방적 이론에서는 학습조건과 결과가 독립변인에 해당하고 수업방법이 종속변인이 된다([그림 1-2-02] 참조). 예를 들어 처방적 이론이란 "특수학급(조건)에서 학습자의 흥미를 유발(결과)하기 위해 어떤 매체를 사용(방법)할 것인가"를 미리 진단하여 처방하는 수업설계 방식을 뜻한다.

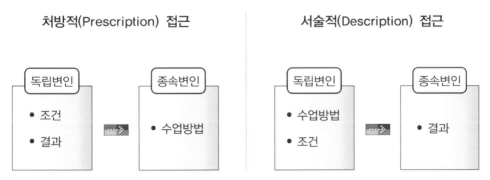

[그림 1-2-02] 처방적 이론과 서술적 이론

3) ASE(분석, 전략, 평가)[1] 수업설계 모형

대부분의 수업설계 모형에서 빠짐없이 다루어지고 있는 분석, 전략, 평가의 세 가지 활동들(Smith & Ragan, 2005)은 학습자에게 학습하려는 목적은 물론 학습하는 방법과 함께 언제 목적지에 도착할 것인지를 알려준다. 이런 의미에서 설계자는 이들 세 가지 활동들이 수업설계에 반영되도록 설계해야 할 것이다.

Smith와 Ragan(2005)은 기존의 수업설계 모형을 재구성하여 ASE 모형을 제안하였는데, 이는 분석, 전략, 평가 과정이 순환하는 구조로서 체제적(systemic) 접근 모형으로 볼 수 있다. 이 가운데 분석 과정은 학습 환경이나 학습자 또는 학습 과제를 분석하는 것을 의미하며, 학습자가 학습목표를 향해서 제대로 가고 있는지에 관한 목적(Where)의 문제이다. 이러한 분석 결과를 토대로 설계자는 검사 항목을 작성하여 학습전략을 수립하게 된다. 두 번째 단계인 학습 전략의 수립과정은 학습 내용이나 수업방식 등을 어떻게 조직할 것인가에 관한 조직 전략과 함께 학습자에게 효과적으로 메시지나 자료를 전달하기 위한 전달 전략, 교수·학습 자원에 관한 관리전략이 결정된 후 프로그램을 제작하게 된다. 이러한 전략 과정은 학습자가 학습 목표에 어떻게 도달할 것인가에 관한 방법(How)의 문제로서, 이는 학습 과정에 사용되는 교수전략과 교수매체의 구체적인 사용에 관한 전략이다. 세 번째 단계인 평가 과정에서는 학습자가 계획된 시기에 제대로 학습목표에 도달했는지 형성평가를 통해 알아보는 시기(When)에 관련된 부분이며, 프로그램을 수정한 후 이전의 분석 단계와 전략 단계로 다시 되돌아가 수행한다.

4) 체제적 ICT 활용 수업의 정의

ICT 활용 수업은 국가별로 다양하게 정의되고 있다. 우리나라의 경우 한국교육학술정보원(2001)에서는 '정보기술과 통신기술'의 합성어로서, 넓은 의미에서 "하드웨어(hardware)와 소프트웨어(software)를 이용하여 정보를 수집, 생산, 가공, 보존, 전달, 활용하는 모든 방법"을 의미한다. 캐나다의 Alberta주 교육청(2008)[2]에서는 "의사소통하며 탐구하고 결정을 내리고 문제를 해결할 수 있는 새로운 방법"이라고 정의하고 있다. 또한, 영국의 교사 연수기관인 TTA(Teacher Training Agency, 2001)[3]에서는 '현재 이용 가능한 도구들로서 교

---

1) 분석(Analysis), 전략(Strategy), 평가(Evaluation)를 뜻하며, 필자는 ASE 모형으로 지칭하기로 한다.

2) Site URL: http://ednet.edc.gov.ab.ca/ict/ictfront.asp

3) Site URL: http://www.canteach.gov.uk/info/ict/index.htm

사가 수업할 때 사용하는 도구'를 지칭하고 있다.

본 책에서는 이처럼 다양한 ICT의 정의를 포괄적인 의미에서 다루기 위해 미시적 관점에서 첫째, 목적의 문제 둘째 방법의 문제 셋째, 시기의 문제를 다루는 체제적 ICT 활용 수업 모형(남정권, 2007)을 기초로 소개하고자 한다. 이는 블렌디드 환경에서의 수업방식이 체계성을 따르기도 하겠지만, 분석, 전략, 평가라는 순환 과정을 거치기 위해서는 체제적 접근 방식이 더욱 필요하기 때문이다.

2. 체제적 ICT 활용 수업의 미시적 접근

체제적 ICT 활용 수업을 위한 설계 모형은 다음 그림과 같이 ① 소개하기 ② 계획 세우기 ③ 학습자 자료 제작하기 ④ 교수자 자료 제작하기 ⑤ 정리 및 평가하기 등 다섯 가지 영역으로 구분하였다. 그러나 실제 학습 현장에서 모형을 적용할 때에는 절차적 지시를 따르지 않고 학습 구성과 학습자 특성에 따라 다섯 가지 영역 가운데 필요한 부분을 선택하여 활용하면 될 것이다.

1) 목적의 문제 해결하기

(1) 소개하기

소개하기 영역은 프로젝트 수업을 하기 위한 사전 준비단계이다. 이는 조별 활동을 하기 이전에 다른 사람들 앞에서 자신을 소개하면서 친숙해지는 과정으로서, 학습자들은 이러한 과정을 통해 자신이 속한 모임에 관심을 갖고 적극적으로 참여하게 될 것이다.

소개하기 과정의 수행은 먼저 학습자끼리 인사를 나눈 후, 각자 수행할 프로젝트에 관

목적의 문제		방법의 문제		시기의 문제
소개하기	계획 세우기	학습자 자료 제작	교수자 자료 제작	정리 및 평가하기
* 인사 나누기 * 주제 선정하기 * 자료 탐색하기	* 수업 계획 세우기 * 조별 활동 계획 세우기	* 학습 자료 제작 * 홍보물 제작 * 홈페이지 제작	* 강의 자료 제작 * 안내문 제작 * 홈페이지 제작	* 자료 정리하기 * 발표하기 * 평가하기
* 학습 설계서 작성	* 수업 계획서 작성	* 프레젠테이션 * 퍼블리셔 사용 * 웹 자료 제작	* 강의 자료 * 안내문 * 홈페이지	* 아이디어 제공 * 정보 나누기 * 수정 및 보완

해서 주제를 선정하는 일이다. 주제 선정을 위해서는 지금까지 실행되고 있는 수업 자료가 무엇이며, 어느 영역까지 개발되었는지를 검색해야 한다. 따라서 소개하기 영역은 인사 나누기와 주제 선정하기, 자료 탐색하기의 세 부분으로 구성된다.

① 인사 나누기

처음 학습을 시작하려면 학습자들은 긴장된 분위기 속에서 서로 서먹해지기 쉽다. 따라서 협력 학습이 성공을 거두기 위해서는 사전에 학습자끼리 가능하면 자신을 충분히 알리고 다른 사람과도 친숙해질 필요가 있다. 인사 나누기는 단순히 서로의 얼굴을 아는 것이 아니라, 상대방을 충분히 이해하는 관계가 되어야 한다. 이를 위한 실행 과정은 다음과 같다.

(가) 자신을 소개하기

자신을 다른 사람에게 알리기 위해서는 먼저 알리고 싶은 주요 사항이나 자신의 특징을 나열하는 것이 좋은 방법이다. 예를 들면 자신의 이름이나 좋아하는 과목, 취미, 관심 사항 등을 간단히 메모하는 것을 말한다. 메모를 위해서는 워드프로세서나 메모장, 워드패드, 혹은 컴퓨터 매체가 아닌 간단한 메모지 등에 자신을 소개하기 위한 내용을 정리해 두면 된다.

(나) 다른 사람과 친해지기

자신이 누구인가를 다른 사람에게 알리기 위해 필요한 내용을 메모하였다면, 다른 사람과 친해지기 위해 직접 이동하여 다른 학습자들을 만나야 한다. 이때 학습자는 메모한 내용을 지참하여 이동하게 되는데, 이동 시간에 경쾌하고 조용한 음악을 틀어주면 안정된 분위기가 연출된다. 다른 사람과 친해지기 위한 이유는 사교나 친분을 쌓기보다는 다른 사람과 협력 학습을 수행하기 위한 사전 정보를 수집하는 데 있다. 따라서 다른 사람과 친해지면서 정보를 수집하기 위해서는 먼저 자신과의 공통점이나 취미 등을 파악해야 한다. 예를 들어 개인 홈페이지가 있는지 혹은 이메일 주소가 몇 개인지, 집에 컴퓨터가 있는지 등 다른 사람이 부담감을 느끼지 않는 어떤 정보라도 모두 수집하도록 한다.

<표 1-2-01> 타인과 나의 공통점 알기

내 용	상대방 성명	나와 공통점
• 개인 홈페이지를 구축하였다	홍00, 김00, 박00	3명
• 이메일 주소가 있다	홍00, 김00	2명
• 집에 컴퓨터가 있다	김00, 박00, 김00	3명
• 버스로 학교를 다니고 있다	김00, 김00	2명

(다) 나를 표현하기

나를 표현하는 과정은 다른 사람에게 자신을 소개하는 과정이다. '자신을 소개하기'는 학습자 스스로 메모지나 워드프로세서에 자신의 특징이나 장점을 적어보는 과정인 반면, '나를 표현하기'는 다른 사람들 앞에서 자신에 관해 발표하거나 함께 모여 이야기를 나누는 과정이다. 따라서 '나를 표현하기' 과정에서는 학습자 스스로 미리 메모한 내용을 중심으로 자신을 소개하기 위해 발표물을 만들어야 한다. 이때 발표물은 프레젠테이션 자료나 유인물 등을 사용하되 자신을 소개하기 위한 업무, 나의 생각, 내가 생각하는 주제 또는 관점 등이 주된 내용이 될 수 있다.

학습자마다 발표물이 제작되고 나면 조별로 자리를 이동하여 자신의 발표물을 보여주면서 자신을 소개하게 되는데, 이때 조별 인원은 4~5명으로 구성하되, 발표 시간은 1인당

[그림 1-2-03] 소개하기 화면의 예

2분을 초과하지 않도록 한다. 한편, 조를 나누기 위해서는 색깔이 있는 사탕이나 스티커 등을 학습자에게 직접 뽑게 한 후, 같은 색깔을 뽑은 사람들끼리 모여 자연스럽게 조를 구성하는 것도 좋은 방법이다.

② 주제 선정하기

프로젝트 수업에 있어서 주제를 정하는 것은 가장 핵심적이고 중요한 부분이다. 주제가 명확하고 올바르게 선정되면 학습자들은 학습 목표를 정확히 인지하고 학습해 나갈 수 있기 때문이다. 주제 설정은 교과서를 단원별로 구분하여 대단원, 중단원, 소단원으로 정할 수도 있겠지만, 무엇보다 중요한 것은 가장 핵심적인 키워드(key words)를 학습자 스스로 발견하고 구성해 나가는 것이다. 이를 위해 학습자에게 왜(why)라는 질문과 함께 어떻게(how)라는 두 가지 화두(話頭)를 학습자 스스로 점검하면서 새로운 내용을 발견하고 창조해 나가도록 설계해야 한다. 이 책에서는 프로젝트 주제를 핵심 단원(대단원), 기본 단원(중단원), 심화 단원(소단원)의 세 가지 영역으로 나누되, 주제는 개인이나 조별로 정하여 ICT를 활용한 프로젝트 수업을 진행하는 동안 수시로 점검하고 변경해 나가야 한다. 이러한 과정을 거쳐서 선정된 최종 주제는 학습자의 이해를 도울 뿐 아니라 학습 현실을 충분히 반영한 ICT 활용 수업이 될 것이다.

주제 설정에 있어서 핵심 단원은 가장 중요하고 논쟁이 될 수 있는 요소들로 구성하되 하나의 주제가 아니라 다양한 주제가 될 수 있다. 핵심 단원 설정은 폭넓은 개념이지만 애매한 단어나 어려운 언어를 사용하지 않도록 주의해야 한다. 학습자는 수행하려는 프로젝트에 대해 충분한 이해와 깊이 있는 사고 과정을 통해서 프로젝트 수업에서 가장 중요한 요소를 발견하기 때문이다.

기본 단원은 핵심 단원보다는 하위 단원이지만 하나의 주제가 아니며, 또한 모범 답안이 있는 것도 아니다. 따라서 핵심 단원을 벗어나지 않도록 연계성을 갖도록 구성하되, 나선형으로 설계하여 핵심 단원에 비해 깊이 있고 폭넓은 고차원적 사고와 함께 학습자 흥미가 유발되어야 한다.

심화 단원은 학습 내용을 심화하는 것이 아니라, 기본 단원의 하위 요소이다. 따라서 좀 더 구체적이고 사실적이며 실질적인 프로젝트 수업 목표에 가깝도록 구성해야 하는데, 이는 학습 목표를 수립하기 위한 전제 조건이 될 수 있다. <표 1-2-02>는 주제 선정을 위한 핵심 단원, 기본 단원, 심화 단원의 예를 나타낸 것이다.

〈표 1-2-02〉 주제 선정을 위한 세 가지 단원의 예

핵심 단원	기본 단원	심화 단원
• 세상은 계속 변화하는가?	• 다양하게 변화하는 자연현상이나 사회현상은 어떻게 표현할 수 있을까? - 변화하는 현상을 수로 표현할 수 있을까? - 변화하는 현상은 그림으로 표현이 가능할까? - 그러한 변화는 어떤 모양으로 나타날까?	• 이차함수의 그래프가 갖는 특징은 무엇인가? - 이차함수의 최댓값과 최솟값은 실생활에서 어떤 의미가 있는가?
• 월드컵 때 우리가 하나 되어 응원을 할 수 있었던 것은 무엇 때문일까?	• 우리를 하나로 뭉치게 하는 힘은 어디에서 찾아볼 수 있을까?	• 외세의 침략이 있었던 사건은 무엇인가? - 이를 이겨낸 우리 조상들의 노력은 무엇인가? - 힘든 일을 해결하기 위하여 우리 조상들은 어떤 모임을 만들었나? - 여러 사람들이 모여 하는 놀이에는 어떤 것이 있는가?
• 우리의 미래는?	• 우리가 살고 있는 미래는 무엇에 의해 결정될까? - 우리는 미래를 예측할 수 있는가?	• 행복하게 살고 있는 나의 모습에 대한 증거는? - 영화 속의 내용이 현실로 실현될 수 있는가? - 미래의 나의 모습은?
• 이순신은 조선을 구한 영웅인가?	• 임진왜란에서 승리한 요인은 무엇인가? - 민중들의 삶은 어떠하였는가?	• 임진왜란이 발발한 이유는 무엇인가? - 이순신이 승리할 수 있었던 인적요인은 무엇인가? - 임진왜란이 우리에게 준 교훈은 무엇인가?
• 유기체의 구조는 어떻게 환경 속에서 생존할 수 있는가?	• 식물의 구조는 어떻게 식물이 생존하도록 도와주는가? - 식물의 다양성과 그 생존전략은 어떠한가?	• 명아주와 강아지풀의 뿌리를 관찰하고 생김새가 어떻게 다른지 알아보자 - 지지, 흡수, 저장 작용은 뿌리에서 어떻게 일어나는가?

주제가 선정되고 나면 조별로 다시 모여 각자 선정한 주제가 핵심 단원, 기본 단원, 심화 단원에 적합한지를 토의해야 한다. 이때 조별 구성은 브레인스토밍(brain storming)을 할 수 있도록 7~13명으로 구성하는 것이 좋으며, 이전의 '나를 표현하기' 과정에서 이미 편성된 사람들로 조를 편성해도 무방하다. 토의 과정에서는 학습자가 선정한 주제가 국가에서 정한 교육과정 목표에 적합한지, 그리고 세 가지 단원별로 적절한가를 검토해야 한다. 이러한 검토 과정은 선정된 주제에 대해 타당성과 객관성을 확보할 수 있기 때문이다.

주제에 관한 토의 방법으로는 브레인스토밍 기법을 권장한다. 브레인스토밍은 참가자들이 문제 해결을 위한 아이디어를 끊임없이 내놓는 창의력 계발 기법이며, 뇌에 폭풍을 일으킨다는 의미를 갖고 있다. Osborn이 개발한 이 기법은 학습자들이 모여서 집단 토의를 통해 새로운 아이디어를 얻기 위한 것이 목적이며, 이를 위해 여러 사람의 지혜와 아이디어를 모아 문제를 해결하거나 의사결정을 내리게 된다. 따라서 토의 도중 자신이나 다른 사람의 의견을 성급하게 판단하거나 비판하지 말고(비판 금지의 원리), 어떤 생각이라도

자유롭게 의견을 발표할 수 있는 자유가 허용되어야 한다(자유분방). 또한, 참가자들이 토의를 통해 아이디어를 많이 제안할수록 우수한 아이디어가 나올 확률이 있기 때문에 토의 내용에 대한 질보다는 횟수(양)를 강조하며(다양성의 원리), 두 개 이상의 아이디어를 결합시켜 새로운 아이디어를 만들어내는(결합과 개선) 것을 목표로 하는 집단 토의 방법이다.

개인별로 제안된 주제가 다른 사람들의 피드백(feedback)과 함께 브레인스토밍을 거쳐 선정되고 나면 언제든지 쉽게 찾아볼 수 있도록 영역별로 컴퓨터에 폴더를 만들어 보관한다([그림 1-2-04] 참조). 이러한 포트폴리오(portfolio)[4] 수집 과정은 프로젝트 수업이 계획대로 실행되었는가를 점검하며, 수업 도중에 자료를 수정하거나 개선하기 위해 필요하다.

세 가지 단원별 주제가 선정되고 나면 구체적으로 학습 설계서를 작성해야 한다. 학습 설계서는 프로젝트 수업이 완성될 때까지 수정·보완하면서 수시로 사용되기 때문에 최종적인 학습 방향을 안내하는 데 있어서 매우 중요하다.

학습 설계서에는 단원 구성, 단원 목표, 국가 수준 교과별 교육과정, 학습 목표 및 결과, 수업 진행 과정, 선수 학습 및 요소, 관련 기자재 및 자료, 수준별 학습 방안, 평가 방법, 자료 검색 관련 용어 등 프로젝트 수업을 위한 내용들이 구체적으로 상세하게 포함되어야 한다(<표 1-2-03> 참조). 그러나 학습 설계서 작성 방법이 표준화되어 있다든지, 포함되는 요소가 일정하게 정해진 것은 아니기 때문에 학습 단원이나 학년에 따라서 각각 다르게 구성될 수 있다. 또한, 학습자들은 학습 설계서 작성을 위한 사전 지식이나 경험이 없기 때문에, 교수자가 함께 참여하여 학습 과정을 안내하고 지도하면서 학습자와 함께 만들어가는 것이 바람직하다.

〈표 1-2-03〉 수학과 학습 설계서의 예

【단원 구성】			
교과 단원	이차함수의 그래프	학년	중3, 고1
교육 과정	핵심 단원	-과연 세상은 변화하는가?	
	기본 단원	• 다양하게 변화하는 자연현상, 사회현상은 어떻게 표현할 수 있을까? -변화하는 현상을 수로 표현할 수 있을까? -변화하는 현상은 그림으로 표현이 가능할까? -그러한 변화는 어떤 모양으로 나타날까? • 우리 주변에 존재하는 수학적인 요소들은 무엇인가? -자유투처럼 비스듬히 던진 물체는 어떤 운동을 하는가? -미사일을 위로 발사하면 어떤 모양을 그리면서 움직일까? -이동하는 모양을 수학적으로 어떻게 표현할 수 있을까?	

---

4) 손가방 또는 화첩이란 뜻이며, 여기서는 프로젝트 수업을 위해 생성된 모든 자료를 모아둔 곳을 뜻한다.

심화 단원	−이차함수의 그래프는 어떤 모양인가? −이차함수의 그래프가 갖는 특징은 무엇인가? −이차함수의 최댓값과 최솟값은 실생활에서 어떤 의미가 있는가?

【단원 목표】

- 이차함수의 뜻을 알게 한다.
- 이차함수의 그래프를 그릴 수 있게 한다.
- 이차함수의 그래프에서 최댓값과 최솟값을 구할 수 있게 한다.
- (심화과정) 그래프의 개형을 보고 함수식의 계수의 부호를 알 수 있다.

『국가수준 교과별 교육과정』

1. 국민 공통 기본 교육과정 수학교육의 목표:
   수학의 기본적인 지식과 기능을 습득하고, 수학적으로 사고하는 능력을 길러, 실생활의 여러 가지 문제를 합리적으로 해결할 수 있는 능력과 태도를 기르는 것이다.

2. 7차 교육과정 수학 내용:
   6개 영역 가운데, 다양한 변화현상 가운데에서 종속관계를 인식하고 규칙성을 발견하고 이를 다양한 수학적 표현방법을 이용하여 수학적으로 고찰하는 경험을 제공하기에 적합한 **"규칙성과 함수"** 영역을 다루고자 한다.

3. "규칙성과 함수" 영역의 세부 내용 항목과 학습목표:
   규칙 찾기와 대응 관계, 일차함수, **이차함수**, 유리함수와 무리함수, 삼각함수와 관련된 기초개념과 문제 해결 방법에 대한 이해로 정하고 있으며, 이 중 "이차함수" 단원으로 정하였다. 제시된 언어적인 기술로부터 함수적인 관계에 대한 심상을 구성하고 이를 기호화, 대수화, 기하화하는 다양한 수학적 경험을 통해, 궁극적으로는 주변 현상을 함수적인 관점에서 해석하고 함수적으로 보고 해결하는 함수적 사고 능력의 개발에 그 목적이 있다.

『학습 목표 및 결과』

- 이차함수의 뜻을 안다−이차함수의 예를 찾아낼 수 있다.
- 이차함수의 그래프를 그릴 수 있다−컴퓨터를 활용하여 함수를 표현할 수 있다.
- 이차함수의 그래프에서 최댓값과 최솟값을 구할 수 있다.
- 실험과 관찰을 통해 함수의 최댓값이 갖는 의미를 실생활에 적용시킬 수 있다.

『수업진행 과정』

프로젝트 수업 프레젠테이션(1차시 분)
- **단원 진행 전(1차시)**
−교사가 제작한 자료를 발표하기
−학급 모둠 편성하기
- **단원 진행 중(일주일간 학생과제)**
−모둠별로 주제 정하기
−모둠별 역할 정하기
−모둠별 일정 짜기
−자료 수집하기
−자료구성 아이디어 회의하기
−수학적 내용들과 연결하여 재구성하기
- **단원 진행 후(1차시)**
−모둠별 프로젝트 발표 및 평가
−다음 단원에 효과적으로 기술을 통합할 수 있는 방안 마련
   (45분 또는 50분 수업)×(2차시)

『선수 학습 및 요소』

- 함수에 대한 기본적인 개념 형성
- 정보통신기술(ICT) 소양

- 하드웨어: 컴퓨터, 인터넷
- 소프트웨어: 엑셀, 인터넷 웹 브라우저, 웹 개발도구
- 인쇄물: 교과서, 실험지도서, 참고서, 스토리 북 등
- 보조물: 포물선 관련 사진, 자유 낙하하는 물체의 동영상 자료 등
- 인터넷 자료:
－에듀넷 http://www.edunet4u.
－매쓰패드 http://www.mathpad.com
－송상헌 홈페이지 http://plaza.ginue.ac.kr/~shsong
－사단법인 수학사랑 http://www.mathlove.org
- 기타: 매스패드를 접속하여 프로그램을 실행해 본다.

『수준별 학습 방안』

- 프로젝트 학습은 형식적이고 기호화된 함수식이 제시되고, 대수적인 과정을 거쳐 꼭짓점이나 최댓값과 최솟값의 계산에 치중하는 식의 수업에서 벗어나, 학생들의 자기주도적 학습을 유도한다. 이를 위해 수학적 성취도와 ICT 소양 정도에 따라 상·중·하 등 세 수준으로 구분하여 서로 도와주는 협동학습 형태로 수업을 진행할 수 있도록 학생 수준을 고려하여 이질집단으로 편성한다.
－**부진 학습자**: 수학문제에서의 함수는 어느 정도 이해하면서도 실생활에서의 함수를 이해하지 못하는 경우가 있으므로 **함수의 기본적인 개념 형성 및 프로젝트 문제의 본질을 이해**시킨다. 기호의 복잡성이 함수개념을 이해하는 데 장애가 될 수 있으므로 함수의 그래프는 컴퓨터를 이용한 실험을 통해 함수에 대한 시각적 이미지 형성을 꾀한다.
－**우수 학습자**: 함수의 그래프를 해석하는 기회를 제공하고 한 가지 상황에서 다른 상황으로의 전이를 유도하며, **다양한 상황에서 함수 개념을 확인해 볼 기회**를 제공한다. 수학적 용어를 사용하여 언어적으로 기술하고, 그래프를 그리고, 수식으로 표현하는 과정을 통해 수학적으로 사고하고 수학적 의사소통 능력의 향상을 꾀한다. 식을 그래프로 번역하는 것뿐만 아니라, 시각화한 것을 해석적으로 기술하는 방법 또한 중요하며 현실과 수학을 연결하여 수학의 유용성을 깨달을 수 있는 기회를 부여한다.

『학생 평가』

- 평가 방법은 **그룹평가**와 개인평가를 합산한다.
－그룹 활동 평가: 프로젝트 진행 과정뿐 아니라 산출물(소재 선택 측면, 수학내용 구성 측면, 기술 측면)에 교사평가, 동료평가
－개인 성취도 평가: 프로젝트 발표 후 개인차를 고려하여 유형을 달리한 수준별 문제를 학생들에게 제공하고, 학생들의 선택으로 이루어지는 심화, 기본, 보충 평가

『자료 검색 관련 용어』

- 이차함수
- 그래프
- 프로그램기반학습(PBL)
- 정보통신활용기술(ICT)

③ 자료 탐색하기

ICT를 활용한 프로젝트 기반 수업에 있어서는 학습자가 필요로 하는 정보가 어디에 존재하는가를 아는 일(know where)이 매우 중요하다. 인터넷의 발달과 보급으로 인해 원하는 정보나 자료를 제공받을 수 있게 되었지만, 넘쳐나는 정보들은 학습자들에게 필요한 정보를 제대로 찾지 못하는 인지적 과부하(cognitive overload)를 초래하고 있다. 따라서 프로젝트 기반 수업을 위해서는 전혀 새로운 자료를 제작하기보다는, 기존의 자료를 학습 환경에 알맞게 편집·가공하여 사용하는 것이 효과적이다. 또한, 자료 탐색에 있어서는 인터

국내	웹 사이트 URL	국 외	웹 사이트 URL
구글	http://www.google.co.kr/	Inter Public Library	http://www.ipl.org/
네이버	http://www.naver.com/	KartOO visual meta search engine	http://www.kartoo.com/
야후	http://kr.yahoo.com/	LookSmart Vertical Search	http://search.looksmart.com/
파란	http://www.paran.com/	Open Directory Project	http://dmoz.org/

넷에 의존하기보다는 정기적인 간행물이나 잡지, 책자, CD 관련물, 비디오 자료, 방송자료 등을 통해 보다 풍부하고 다양한 정보나 자료를 얻는 것도 좋은 방법이다. 특히, 세계화와 정보화 시대에는 인터넷 검색과 함께 전문적인 지식을 갖추고 있는 사람과의 관계나 정기적인 학술회의, 세미나 등에 참석하여 최근의 정보를 습득하는 네트워킹 시스템(networking system)을 갖추는 일이 더욱 중요하다.

자료를 제작하기 위해 새로운 자료를 탐색할 때에는 정보윤리와 함께 저작물에 대한 저작권이 침해되지 않도록 주의해야 한다. 학교에서 교육 목적으로 자료를 이용하는 경우, 국내 저작권법에서는 '교육 목적상 필요하다고 인정되는 경우에만 공표된 저작물을 공연하거나 방송 또는 복제할 수 있다'고 규정하고 있다. 따라서 영리를 목적으로 이용해서는 안 되며, 저작물은 반드시 그 출처를 명시해야 한다.[5] 또한, 다른 저작물의 본문을 이용하는 경우, 그 작업물의 10% 이하나 또는 1,000 단어 이하를 사용할 수 있으며, 삽화나 그래픽은 작가당 5개의 이미지나 또는 이미지들 가운데 10% 이하만 사용 가능하다.

이와 함께 인터넷에서 다운받은 자료는 직접 사용하기보다는 질적 검증을 위해 <표 1-2-05>의 기준에 따라 웹 사이트를 평가해 보는 것이 바람직하다.

〈표 1-2-05〉 웹 사이트 평가서

Web Site 평가 요소
• Site URL은 무엇인가?
• Site의 내용이 학습 대상자와 일치하는가?
• 제공된 정보가 주관적이지 않고 객관적인가?
• 정보를 생성한 사람이 관련 분야에 전문적인 지식이 있는가?
• 언제나 정보 제공자와 의사소통이 가능한가?(이메일 또는 전화번호)
• 제공된 자료가 최신의 정보인가?
• 제공된 자료가 다른 사이트를 인용하거나 복사한 것인가?
• 제공된 정보가 학습에 매우 유용하게 사용할 수 있는가?
• 제공된 자료가 다른 사이트를 성실하게 안내하고 있는가?

---

5) 저작권 관련 종합 사이트 http://ebo.co.kr/copyright/ 참조

(2) 계획 세우기

목적의 문제		방법의 문제		시기의 문제
소개하기	계획 세우기	학습자 자료 제작	교수자 자료 제작	정리 및 평가하기
* 인사 나누기 * 주제 선정하기 * 자료 탐색하기	* 수업 계획 세우기 * 조별 활동 계획 세우기	* 학습 자료 제작 * 홍보물 제작 * 홈페이지 제작	* 강의 자료 제작 * 안내문 제작 * 홈페이지 제작	* 자료 정리하기 * 발표하기 * 평가하기
* 학습 설계서작성	* 수업 계획서 작성	* 프레젠테이션 * 퍼블리셔 사용 * 웹 자료 제작	* 강의 자료 * 안내문 * 홈페이지	* 아이디어 제공 * 정보 나누기 * 수정 및 보완

① 수업 계획 세우기

수업 계획을 세우기 위해서는 사전에 학습 환경을 고려해야 한다. 이러한 학습 환경 분석은 수업 계획을 학년별로 할 것인지, 또는 주(周)별, 단원별, 주제별로 할 것인지를 결정하게 되고, 이에 따라 학습 기간이 정해지게 된다. 이 책에서는 프로젝트를 성공적으로 완수하는 것이 목적이기 때문에 주제를 정하여 프로젝트 수업 계획을 세우면 된다.

프로젝트 수업 계획은 1차시를 기준으로 수업이 실시되기 이전에 미리 준비되어야 할 요소들이나 수업 도중과 수업 이후에 필요한 내용들을 정리하여 수행하면 된다. 한편, 프로젝트를 기준으로 하는 경우에는 수업 이전과 수업 도중, 수업 이후 등 3단계로 나누어 각각의 단계에 따라서 구체적인 수업 계획을 세울 수 있으며, 학습 환경과 필요에 따라 적절한 방법을 선택하면 될 것이다.

수업 계획을 세울 때에는 핵심 단원, 기본 단원, 심화 단원별로 학습 설계서에 제시된 것처럼 되어 있는지를 구체적으로 확인해야 한다. 그러한 이유는 수업 계획이 학습 설계서를 기초로 작성되어야 하며, 때로는 수업 계획에 맞게 학습 설계서가 수정될 필요가 있기 때문이다. 학습 설계서를 수정하기 위해서는 먼저 세 가지 단원(핵심 단원, 기본 단원, 심화 단원)들이 계획과 일치하는지를 살펴본 후, 단원별로 부적절한 수업 내용은 변경해야 한다. 또한, 수업이 이루어지기 이전에 학습자들이 수행해야 하는 토론에 관련된 사항이나 컴퓨터 실습실 예약 상황, 실습 기구나 장치의 유무 및 작동 상태, 학습 환경 등에 관해서도 세심하게 살펴보아야 한다. 이와 함께 학습방법을 개별로 한 것이지, 혹은 협력으로 진행할 것인지를 선택한 후, 사전에 학습 활동을 지원하기 위한 매체나 자료에 대한 활용 여부도 확인해둘 필요가 있다. 또한, 학습자가 프로젝트 수업을 계획하고 수행하기

Q	• 효과적인 수업을 위해 설치되어야 하는 기기나 프로그램은 무엇인가?
Ans	기기: 빔 프로젝터, 실물 화상기 프로그램: 플래시, 포토샵, 일러스트, 비디오메이커 등
Q	• 수업을 지원하기 위해 인터넷 사용이 가능한가? 가능하다면 어느 정도인가?
Ans	인터넷을 이용한 자료검색, 이메일 전송, 넷 미팅, 게시판 자료 올리고 내려받기
Q	• 수업을 위해 교사가 사전에 알고 있어야 하는 지식은 어떤 것들인가?
Ans	학습자 스케폴딩(scaffolding), 기기나 장치의 사용 방법, 발표 요령 등
Q	• 협력 학습을 위해 사전에 학습자에 대한 고려 사항은?
Ans	컴퓨터 사용능력, 역할 분담, 학습자의 외적 및 심리적 상태 등
Q	• 수업 외적 또는 내적으로 지원받을 사람은 누구인가?
Ans	동료 교사, 전문가, 학부모 등
Q	• 수업을 시작하기 이전에 미리 준비해야 할 사항은?
Ans	컴퓨터 실습실 예약, 전문가 초빙 시간 전화 확인, 기구실 사용 시간 예약 등
Q	• 수업을 위한 보조 자료가 필요한가? 필요하다면 어떤 종류인가?
Ans	이동식 칠판과 필기도구, 여분 메모지, 마이크 여분 등
Q	• 수업 도중에 학습자의 질문에 어떻게 피드백을 줄 것인가?
Ans	질문이 있는 학습자는 책상 위에 빨간색 깃발을 놓고 해결되면 녹색 깃발을 게시함
Q	• 수업이 끝난 후 평가 방법과 평가 기준은 무엇인가?
Ans	일정한 기준에 모두가 도달하는 절대평가 방식으로 하되 백분율로 평가 예정

위해 필요한 개발에 투자될 시간도 세밀하게 파악하여 프로젝트 수업 계획서에 반영해야 한다(<표 1-2-06> 참조).

② 조별 활동 계획 세우기

조별 활동 계획은 조원들끼리 프로젝트 수업을 위해 역할을 분담하는 활동이다. 조원들의 역할은 부익부 현상이나 봉 효과, 무임 승객 효과 등이 발생하지 않도록 학습자 능력에 알맞게 분담해야 한다. 부익부 현상이란 학습 능력이 높은 학습자가 다른 사람보다 더 적극적으로 학습에 참여함으로써 성취도가 집중되어 높게 나타나며, 결국에는 집단을 장악하는 현상을 말한다. 이와 반대로 학습 능력이 높은 학습자를 과도하게 통제한 결과, 그들이 학습에 적극적으로 참여하지 않는 현상을 봉 효과라고 한다. 한편, 학습 능력이 낮은 사람이 능력이 높은 학습자에게 편승함으로써 노력하지 않고 높은 학습 성과를 거두는 것을 무임 승객 효과라고 한다.

조별 활동은 서로 과제를 협력하여 수행하기 때문에 다른 동료에게서 배우는 학습 효과와 함께 학습자의 사회력과 협동력을 증진시킬 수 있지만, 개인별로 분명하게 책임이 주어져야 한다. 앞에서 제시한 부익부 현상이나 봉 효과, 무임승객 효과 등은 조별 활동에

조원구성 (역할나누기)

- 정완용 (조장)
  토론 진행
  조원 통솔 및 지휘

- 박수미 (도우미)
  자료 수집
  조의 분위기 쇄신

- 남빛나 (기록)
  발표 내용 기록
  조별 나눔 기록

- 이동수 (시간관리)
  시간 알려주기
  과제물 발표

[그림 1-2-04] 조별 역할 나누기의 예

서 역할 분담이 제대로 이루어지지 않아 학습자들이 책임을 다하지 않은 경우에 발생한다. 따라서 이를 방지하기 위해서는 주기적으로 조를 새롭게 편성한다든지, 또는 과목별로 조를 편성하는 것이 좋다.

2) 방법(How)의 문제 해결하기

(1) 학습자 자료 제작

학습자 자료란 학습 활동 중에 학습자에게 필요한 자료를 제작하는 것을 말한다. 따라서

목적의 문제		방법의 문제		시기의 문제
소개하기	계획 세우기	학습자 자료 제작	교수자 자료 제작	정리 및 평가하기
* 인사 나누기 * 주제 선정하기 * 자료 탐색하기	* 수업 계획 세우기 * 조별 활동 계획 세우기	* 학습 자료 제작 * 홍보물 제작 * 홈페이지 제작	* 강의 자료 제작 * 안내문 제작 * 홈페이지 제작	* 자료 정리하기 * 발표하기 * 평가하기
* 학습 설계서작성	* 수업 계획서 작성	* 프레젠테이션 * 퍼블리셔 사용 * 웹 자료 제작	* 강의 자료 * 안내문 * 홈페이지	* 아이디어 제공 * 정보 나누기 * 수정 및 보완

학습 활동을 지원하려는 것이 목적이기 때문에, 학습자 관점에서 제작되어야 하며, 처음부터 너무 어려운 응용 프로그램을 사용하여 제작하기보다는 학습 현장에서 널리 사용되는 프레젠테이션 자료나 퍼블리셔(publisher), 텍스트 문서 등을 사용하는 것이 바람직하다. 프레젠테이션은 발표용, 퍼블리셔는 홍보나 안내용, 웹 자료나 홈페이지는 상호작용 지원용으로 각각 사용될 수 있지만 이들의 용도를 반드시 구분할 필요는 없다. 다만, 과정마다 제작하고자 하는 자료가 학습 활동에 왜 필요한지를 생각해 보고 계획 세우기 과정에서 이미 제작한 수업 계획서를 검토하면서 수정하는 작업이 동시에 이루어져야 한다.

① 학습 자료 제작

학습 자료를 제작할 때에는 매력적인 자료에 관심을 둔 나머지 너무 어려운 응용 프로그램을 선택하여 제작할 수 있다. 학습 자료는 언제든지 손쉽게 제작하고 편집과 가공이 용이하며, 널리 사용되는 일반적인 프로그램을 선택하는 것이 경제적이다. 따라서 학습 자료를 제작하기 이전에 학습자들끼리 조별로 모여서 기존에 만들어진 자료의 특징에 관해 토론하는 것이 효과적이다. 이러한 과정을 거치고 난 후, 제작하고자 하는 학습 자료의 내용을 선정하거나 응용프로그램을 목적에 맞게 선택해야 한다. ICT 활용 도구는 학습 활동을 지원하기 위한 보조 수단이지, 도구 자체가 학습의 목적이 되어서는 안 된다.

〈표 1-2-07〉 스토리보드의 예

화면 1	화면 내용
제목	우리는 하나가 될 수 있나요?
부제목	조상님들은 어떻게 하나가 되었나요.
삽입 자료	월드컵과 강강술래 그림 또는 사진
화면 2	**화면 내용**
제목	무엇을 알고 싶은가요?
부제목	• 우리는 월드컵 때 온 국민이 하나로 뭉쳐 응원을 했어요. • 할머니께서는 우리 국민들은 어려운 일이 있거나 즐거운 일이 있으면 하나로 뭉치는 힘이 있다고 하셨어요. • 왜 그렇게 말하는지 궁금했어요.
삽입 자료	궁금해하거나 호기심 갖는 사진이나 그림
화면 3	**화면 내용**
제목	우리 조 소개(참 좋은 조)
부제목	• 자료 뭉치기: 강00, 김00 • 꾸밈 뭉치기: 이00, 박00 • 생각 뭉치기: 주00, 이00
삽입 자료	조별 특성을 나타내는 아이콘이나 그림

학습 자료의 제작 목적은 학습 목표 도달을 지원하는 데 있기 때문에 제작하려는 자료는 학습 내용과 일치해야 한다. 그러나 자료를 제작하다 보면 처음에 의도했던 방향을 벗어날 수 있기 때문에, 제작하기 이전에 스토리보드(storyboard)[6]를 작성해야 한다.

② 파워포인트 제작 방법

파워포인트는 프레젠테이션을 위한 응용 프로그램으로서, 제작 목적에 따라 발표용과 정리용으로 나눌 수 있다. 발표를 위해 제작되는 파워포인트는 수업 시간 활용, 차트나 도표 제시, 그래픽 자료 제시, 여론 및 설문 조사 결과 제시, 회의 자료 제시 등에 사용된다. 한편, 정리를 목적으로 제작하는 경우에는 조별 프로젝트에 사용한다든지, 인터넷이나 CD 자료에서 얻어진 결과를 통합하거나 개인적으로 학습 내용을 정리하기 위해서 사용된다.

파워포인트를 제작하는 방법에 대해서는 기존의 수많은 책에서 구체적으로 상세하게 언급하고 있다. 따라서 파워포인트 사용에 관한 구체적인 내용을 원할 때에는 기존에 출판된 다른 교재들을 참고하기 바란다.

③ 홍보물 제작

퍼블리셔(Publisher)를 활용하면 학습자뿐 아니라, 교수자도 손쉽게 회보나 소식지와 같은 홍보물을 제작할 수 있다. 마이크로소프트사의 office 프로그램은 패키지로 되어 있기 때문에 프로그램을 설치할 때, 퍼블리셔 프로그램을 선택한 후 설치하면 된다. 기존의 파워포인트나 포토샵과 비슷한 기능과 도구를 지니고 있기 때문에 마우스를 사용하여 손쉽게 사용할 수 있다. 퍼블리셔는 학교 신문 발행이나 전단지, 광고지, 초청장 등 외부에 사용될 발행물을 제작하는 데 매우 효과적이다. 교수자는 제작되는 발행물이 화려하게 만들기보다는 제작물에 사용되는 언어와 내용이 학습자에게 적절하도록 지도해야 한다.

퍼블리셔 프로그램을 열면 새 창이 열리는데 메뉴 표시줄에서 보기─작업 창을 누르거나 Ctrl+F1키를 누르면, 화면의 왼쪽에 작업 창이 보인다. 작업 창에는 17개의 하위 메뉴가 있으며, 이 가운데 '발행물 디자인'을 선택하여 누르면 이미 제작된 여러 개의 디자인을 볼 수 있다. 필요한 디자인을 선택하고 난후, 작업 창에서 즉석 발행물 옵션을 선택하면 제목과 내용의 작성 위치를 지정할 수 있다. 대부분의 퍼블리셔 작업은 작업 창에서 이루어지며, 화면 왼쪽에 있는 12개의 그리기 도구상자를 이용해 필요한 선이나 화살표 타원

---

6) 정확한 자료 제작을 위해 각각의 화면에 삽입할 그림이나 내용을 스케치한 여러 장의 자료를 말한다.

등을 그릴 수 있으며, 텍스트 상자를 사용해 문자를 작성할 수 있다([그림 1-2-05] 참조).

한편, 작업 창에서 새 발행물을 선택하면 인쇄용 발행물, 웹 사이트와 전자 메일, 디자인 모음, 새 발행물 등 네 종류의 하위메뉴가 보이는데, 이 가운데 인쇄용 발행물을 클릭하면

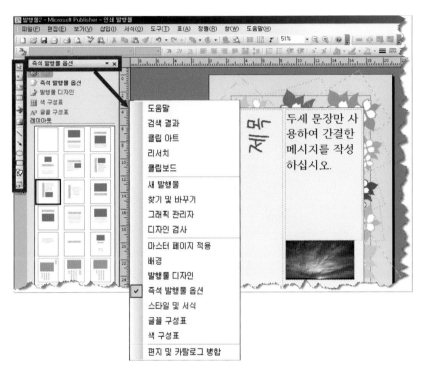

[그림 1-2-05] 작업 창 및 그리기 도구상자

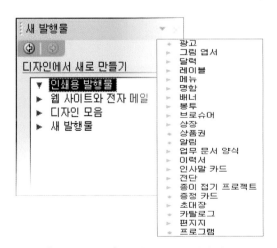

[그림 1-2-06] 인쇄용 발행물과 하위 메뉴

회보, 봉투, 명함, 달력, 레이블 등 다양한 종류의 문서 양식과 서식을 활용할 수 있다([그림 1-2-06] 참조). 따라서 퍼블리셔의 활용은 작업자가 화면의 왼쪽에 있는 작업 창과 그리기 도구상자를 얼마나 잘 활용하는가에 따라 훌륭한 서식이나 문서를 제작할 수 있다.

[그림 1-2-07] 퍼블리셔를 활용한 홍보물의 예 ① (정진자 作)

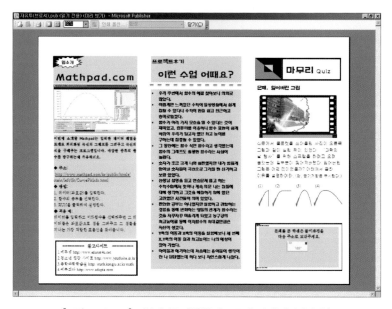

[그림 1-2-08] 퍼블리셔를 활용한 홍보물의 예 ② (정진자 作)

④ 홈페이지 제작

홈페이지 제작은 퍼블리셔를 사용하면 매우 편리하다. 작업 창에서 새 발행물을 선택한 후, 웹 사이트와 전자 메일 메뉴에서 웹 사이트를 누르면 화면의 오른쪽에 여러 종류의 웹 사이트 작성기가 보인다. 이때 작업 창의 웹 사이트 메뉴에서 간단한 웹 사이트 작성기를 누르면 한 페이지의 웹이 작성된다([그림 1-2-09] 참조). 그러나 작업 창에서 웹 사이트 옵션을 선택한 후, 하단에 보이는 '웹 사이트에 추가-페이지 삽입'을 누르거나 상단의 메뉴 표시줄에서 '삽입-페이지'를 눌러서 원하는 디자인으로 계속 페이지를 추가할 수 있다.

화면 배경에 음악을 삽입하려면 작업 창에서 배경을 선택한 후, 하단의 배경 소리를 누르면 웹 페이지 옵션 창이 열리는데, 여기서 하단에 있는 배경 소리 옆의 찾아보기 버튼을 눌러서 필요한 음악 파일을 선택한 후, 확인 버튼을 누르면 된다. 단, 무한 반복을 선택하면 배경 음악이 계속 실행되지만, 반복 횟수를 선택한 후 횟수를 지정하면, 지정된 횟수만큼 배경 음악이 실행된다([그림 1-2-10] 참조).

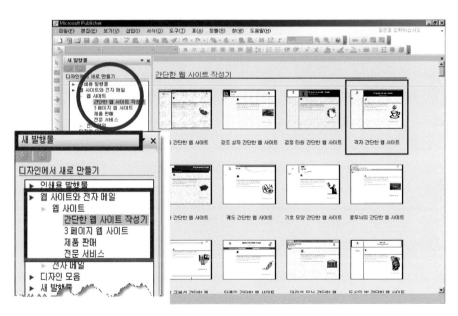

[그림 1-2-09] 새 발행물과 웹 사이트 작성기

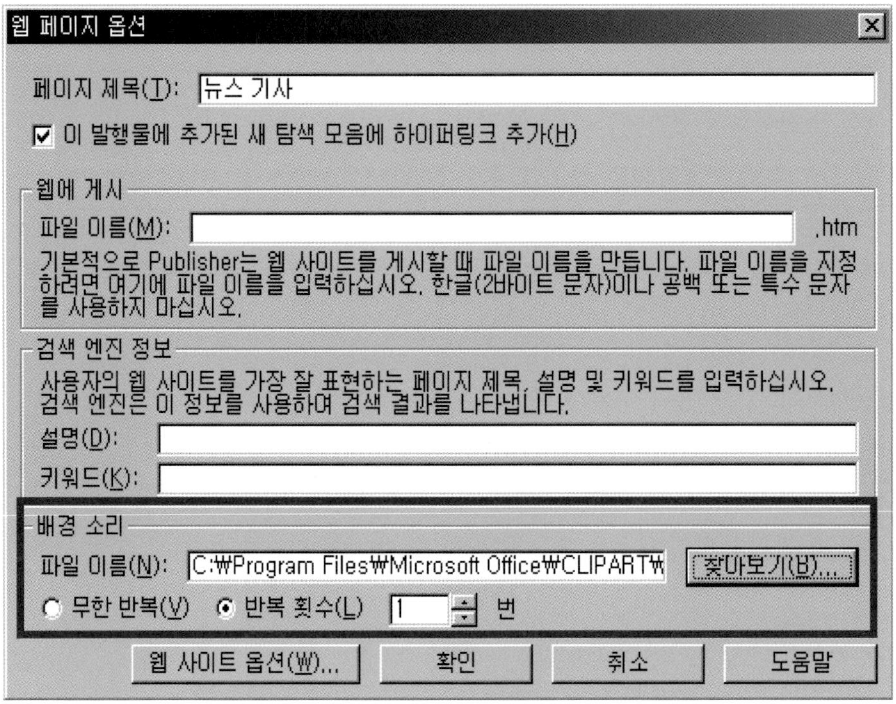

[그림 1-2-10] 웹 페이지 옵션 창에서 배경 음악 넣기

그림이나 클립아트를 화면에 삽입하고자 하는 경우에는 왼쪽의 그리기 도구상자에서 그림 프레임(🖼)을 선택하거나, 화면 상단의 메뉴 표시줄에서 '삽입-그림'을 선택한 후, 필요한 파일을 찾아서 누르면 된다. 이미 선택된 웹 페이지의 크기를 변경하려면, 메뉴 표시줄에서 '파일-페이지 설정'을 누르면 된다. 여기서 사용자 지정은 학습자가 원하는 크기로 변경 가능하지만, 웹 페이지를 누르면 표준 크기(800×600)와 좁게 (640×480)의 두 가지 크기가 제시된다. 페이지의 수정을 위해서는 화면 하단에 있는 페이지 표시 버튼(⊞ 1 2 3⊞)을 눌러서 원하는 페이지로 이동한 후, 제목이나 내용을 변경하며 된다.

한편, 링크는 핫 스폿(hot spot)이나 하이퍼링크(hyperlink) 삽입 아이콘을 사용하면 편리하다. 화면 왼쪽의 그리기 도구상자에 있는 핫 스폿 버튼(⬛)은 화면에 있는 객체가 아니라, 일정한 지역을 지정하여 지정된 위치에서만 연결되도록 한다. 따라서 핫 스폿 버튼을 먼저 선택하면 마우스의 모양이 십자(+) 모양이 되는데, 이때 오른쪽 버튼을 눌러서 필요한 위치만큼 잡아당기면 된다. 그러나 하이퍼링크 삽입 버튼(🔗)은 객체를 선택할 때만 활성화되기 때문에, 먼저 연결하고자 하는 객체를 마우스로 선택한 후, 나타나는 하이퍼

링크 삽입 창 아래에 있는 주소에 웹 사이트 URL이나 파일의 위치를 지정해 주면 된다.

지금까지 제작한 웹 사이트를 미리보기 위해서는 화면 왼쪽의 작업 창에서 '웹 사이트 옵션' 하단에 있는 '웹 사이트에 추가'에서 '웹 사이트 미리보기……'를 선택하거나 메뉴 표시줄에서 '파일−웹 페이지 미리보기'를 선택하면 된다.

웹 사이트 제작이 완료되면 파일을 저장하게 된다. 특히, 제작 도중 실수로 인해 파일이 삭제되는 것을 방지하기 위해서는 저장 버튼(■)을 이용하여 수시로 작업 파일을 저장해야 한다. 파일은 여러 가지 형식으로 저장이 가능하지만, 여기서는 널리 활용되는 퍼블리셔 파일저장과 웹 페이지 저장 방법에 대해 살펴보고자 한다. 두 가지 방법 모두 저장을 위해서는 메뉴 표시줄에서 '파일−다른 이름으로 저장'을 선택한 후, 열리는 '웹 페이지로 저장' 창에서 파일의 저장 위치와 파일 이름을 지정하면 된다. 다만, 퍼블리셔 파일 저장을 위해서는 창의 하단에 있는 파일 형식에서 Publisher 파일 (*.pub)   ▼을 선택하고, 웹 페이지 저장을 위해서는 웹 페이지 (*.htm;*.html)   ▼을 누르면 된다. 저장이 되고 난후, 퍼블리셔 파일은 1개의 파일 아이콘이 생성되지만, 웹 페이지 저장 파일은 2개의 아이콘이 자동으로 생성된다. 따라서 퍼블리셔 파일은 제작물의 수정이나 편집·가공을 위해서 필요하지만, 웹 페이지 파일은 저장 이후에는 수정이나 편집이 어렵기 때문에, 미리 퍼블리셔 파일로 저장을 해두어야 한다[그림 1−2−11] 참조).

[그림 1−2−11] 퍼블리셔 파일(왼쪽)과 웹 페이지파일(오른쪽)의 저장

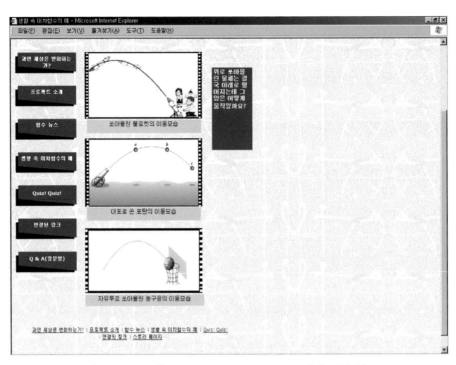

[그림 1-2-12] 퍼블리셔를 활용한 웹 자료의 예 ① (정진자 作)

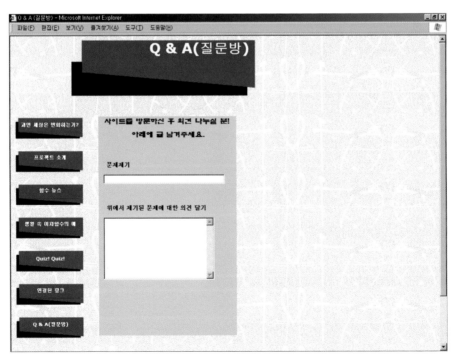

[그림 1-2-13] 퍼블리셔를 활용한 웹 자료의 예 ②[1] (정진자 作)

(2) 교수자 자료 제작

목적의 문제		방법의 문제		시기의 문제
소개하기	계획 세우기	학습자 자료 제작	교수자 자료 제작	정리 및 평가하기
* 인사 나누기 * 주제 선정하기 * 자료 탐색하기	* 수업 계획 세우기 * 조별 활동 계획 세우기	* 학습 자료 제작 * 홍보물 제작 * 홈페이지 제작	* 강의 자료 제작 * 안내문 제작 * 홈페이지 제작	* 자료 정리하기 * 발표하기 * 평가하기
* 학습 설계서작성	* 수업 계획서 작성	* 프레젠테이션 * 퍼블리셔 사용 * 웹 자료 제작	* 강의 자료 * 안내문 * 홈페이지	* 아이디어 제공 * 정보 나누기 * 수정 및 보완

교수자 자료는 교사가 학습자나 학부모에게 학습에 관련된 내용을 안내하거나 제시하기 위한 자료이다. 따라서 수업 중에 학습자에게 제시할 강의 자료, 학습자나 학부모에게 안내할 안내문, 학습 자료를 홈페이지에 올리기 위해 제작하는 홈페이지 자료 등이 모두 교수자 자료에 포함된다.

① 강의 자료 제작

교수자가 수업에 활용하기 위한 강의 자료는 ICT를 수업 활동에 적용함으로써 제한된 학습 공간을 탈피하여 시간과 공간에 구애받지 않는 학습 환경을 제공할 수 있다. 따라서 학습자의 결석이나 교수자의 출장 등으로 인해 발생하는 수업 결손을 보충하거나, 학습자들이 학습한 내용을 다시 복습하고자 할 때 사용될 수 있다. 이와 함께 교수자가 수업 시간에 새로운 단원을 학습자들에게 소개하거나 앞으로 학습해 나갈 방향이나 준비물, 학부모 모임 활동 등 여러 가지 측면에서 학습 활동의 지원이 가능하다.

강의 자료를 제작하기 위해서는 이전에 작성한 수업 계획서를 토대로 다음과 같은 몇 가지 사항을 고려해야 한다.

첫째, 단원 설정의 목적과 이유이다. 이는 설정한 단원에서 배워야 할 내용이 무엇이며, 왜 배워야 하는지를 학습자들에게 알려주어 지적 호기심과 함께 자신감을 미리 갖도록 해야 한다.

둘째, 이해하기 어려운 새로운 단어나 개념들은 설명을 함께 제시하는 것이 바람직하다. 또한, 가르치는 단원이나 학습 내용에 관련된 학습 사이트와 자료를 화면에 링크하여 제시함으로써 학습자에게 풍부한 지적 자료를 제공해야 한다.

셋째, 학습자들이 적극적인 참여를 할 수 있도록 자신들이 제작한 사진이나 그림, 애니메이션 자료 등을 제시하는 것이 좋다. 이때, 자료들이 인용된 출처와 참고문헌을 밝힘으로써 저작권법에 저촉되지 않도록 사전 지도가 필요하다.

가장 우수한 강의 자료는 학습 내용을 학습자에게 전달하는 것이 아니라, 학습자의 학습 활동을 지원하고 촉진하는 자료이다. 여기서 교수자의 역할은 전달자가 아니라 안내자, 혹은 촉진자이다. 따라서 교수자가 학습자에게 단순히 학습 내용을 제시하기보다는, 학습자들로 하여금 의문을 품고 깊이 생각하고 질문하게 함으로써 창의력을 증진시키는 지도 방법이 필요하다.

• 사람의 모습이 어떻게 생겼는지 학습자에게 물어본다.

• 그렇다면 사람의 모습과 컴퓨터의 모습이 어떻게 다른지 비교해 보도록 한다.

[그림 1-2-14] 강의 자료의 예시 ①

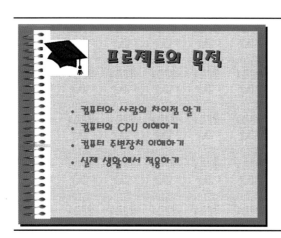

• 학습 목표와 함께 단원을 통해 학습할 내용을 미리 제시한다.

• 단순히 이해하는 정도로 그치는 것이 아니라 실생활에 활용해 볼 수 있도록 제시한다.

[그림 1-2-15] 강의 자료의 예시 ②

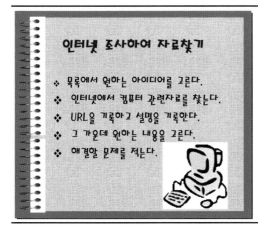

* 자료를 찾는 방법을 구체적으로 알려준다.

* 조사하여 찾은 자료와 함께 기록 방법 및 문제점을 함께 적도록 한다.

[그림 1-2-16] 강의 자료의 예시 ③

* 연구 보고서 작성 방법을 안내한다.

* 보고서 작성을 위한 여러 가지 형식의 샘플을 미리 보여줌으로써 자신감을 갖게 한다.

[그림 1-2-17] 강의 자료의 예시 ④

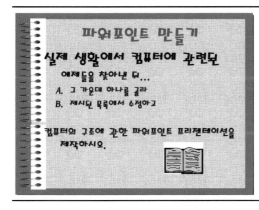

* 파워포인트 작성을 위해 학습자가 실행하게 되는 순서를 제시하였다

* 학습자에게 선택의 기회를 제공함으로써 다양하고 창의적인 학습 자료가 제작될 수 있다

[그림 1-2-18] 강의 자료의 예시 ⑤

- 평가 기준의 제시는 학습자에게 학습 목표를 쉽게 도달할 수 있도록 제공한다.
- 구체적인 평가 방법은 교수자가 직접 설명하거나 추가로 안내한다.

[그림 1-2-19] 강의 자료의 예시 ⑥

- 참고 자료를 제시하여 학습자가 좀더 자세하게 학습하도록 안내한다.
- 저작권 관련법에 저촉되지 않도록 미리 학습자에게 안내한다.

[그림 1-2-20] 강의 자료의 예시 ⑦

② 안내문 제작

안내문은 교수자가 학습자나 학부모에게 학습 진행 상태나 과제를 안내할 목적으로 제작하는 모든 저작물을 뜻한다. 이러한 자료의 제작은 파워포인트뿐만 아니라 퍼블리셔나 워드 문서를 활용해도 무방하다. 따라서 안내문에는 단원 소개와 함께 미리 학습해야 하는 예정 단원, 마치는 시기, 활용 자료, 평가 도구 및 과제를 진행하는 일정, 행사관련 안내문이나 작품 및 멀티미디어 자료 등이 모두 포함될 수 있다.

<표 1-2-08> 수업 진행 안내문의 예

단원 진행 전 해야 할 일은?	일정
• 교사가 제작한 자료 발표 • 학급 조 편성하기	1일
단원 진행 중 해야 할 일은?	
• 조별로 주제 선정하기 • 조별 역할 정하기: 발표자, 기록자, 내용 전문가, 제작자 • 조별 일정 짜기: 언제까지 마감할 것인지?	2일
• 자료 수집하기: 즐겨찾기에 관련 사이트 등록 • 자료들을 구성할 아이디어 회의	3일
• 자료들과 학습 내용들을 연결하여 재구성: 자료 제작하기	4일
단원 진행 후 해야 할 일은?	
• 조별 프로젝트 발표 및 평가 • 학생들에게 상장 수여 • 학생 분석 또는 개념에 대한 향후 학생들의 지속적인 이해에 필요한 질문 챙기기 • 다음 단원에 효과적으로 기술을 통합할 수 있는 방안 마련	5일

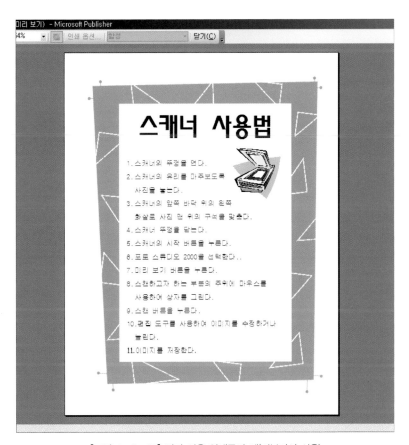

[그림 1-2-21] 장비 사용 안내문의 예(퍼블리셔 사용)

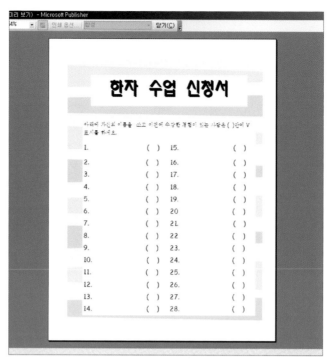

[그림 1-2-22] 수업 신청서의 예(퍼블리셔 사용)

③ 홈페이지 제작

교수자가 홈페이지를 제작하려는 목적은 시간 및 공간적으로 제한된 학습 환경을 벗어나 웹을 통해 언제든지 학습자에게 학습에 관련된 정보를 제공하며, 나아가 학습 공동체를 구성함으로써 교수자와 학습자 사이에 상호작용을 지원하려는 데 있다. 따라서 교수자를 위한 홈페이지는 이러한 목적 달성을 위해 계획되어야 하기 때문에 기존의 강의 자료와는 구별되어야 하며, 또한 학습자가 사용하는 홈페이지와는 분명히 다르게 설계해야 한다. 이를 위해 교수자용 홈페이지에는 면대면 수업에서 사용할 수 있는 안내문이나 강의 자료뿐 아니라 학습 일정에 관한 마감 시한이나 평가 도구, 평가 기준도 함께 제시될 필요가 있다. 아울러 학습자들이 과제를 수행한 결과물이나 사진, 그림 자료 등을 탑재할 수 있도록 학습자에게 권한을 부여할 뿐 아니라 현재의 학습 일정을 안내하는 기능도 제시되어야 한다. 남정권(2005)은 특히, 웹 기반 학습 환경에서는 학습자 스스로 계획을 세우고 실행해 나가는 자기조절학습이 중요하다고 강조하였으며, 이를 지원하기 위해서는 집단 유형(개인학습, 협력 학습)과 과제 유형(개념이해, 지식적용)에 따라 각각 다르게 설계되어야 한다고 주장한 바 있다.

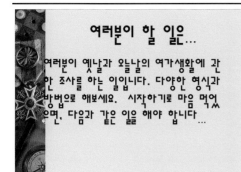

• 파워포인트를 사용한 교수자료이다. 텍스트로 간단하게 제시했으나 학습자가 무엇을 학습해야 하는지를 명확하게 제시하고 있다.

[그림 1-2-23] 교수 자료의 예시 ① (권미란 作)

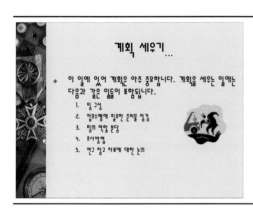

• 학습자가 조별로 무엇에 관한 계획을 세울 것인가를 구체적으로 제시하고 있다. 이러한 구체적인 제시는 학습자들의 학습 활동을 활발하게 촉진시켜줄 수 있다.

[그림 1-2-24] 교수 자료의 예시 ② (권미란 作)

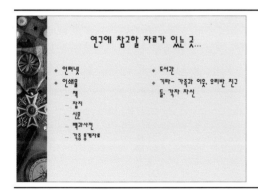

• 학습자들이 어떻게 자료를 수집하고 어디서 정보를 참고할 것인가를 소개하고 있다. 다만 웹사이트의 경우에는 URL을 직접 제시하여, 학습자가 인터넷을 탐색해 볼 수 있도록 안내하는 것이 좋을 것이다.

[그림 1-2-25] 교수 자료의 예시 ③ (권미란 作)

• 퍼블리셔를 활용하여 작성한 교수자료이다. 배울 내용, 도와주시겠어요, 조별 활동, 학습 사이트 등이 간단하게 구체적으로 안내되어 있다.

[그림 1-2-26] 교수 자료의 예시 (장준형 作)

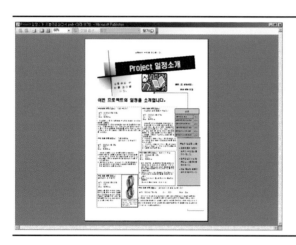

• 퍼블리셔를 사용한 프로젝트 일정에 관한 안내 자료이다. 수업 차시와 단계에 따라 날짜, 수업 시간, 장소, 학습자가 해야 할 활동 내용이 자세하게 설명되어 있다.

[그림 1-2-27] 교수 자료의 예시 (윤원진 作)

3) 시기(When)의 문제 해결하기

목적의 문제		방법의 문제		시기의 문제
소개하기	계획 세우기	학습자 자료 제작	교수자 자료 제작	정리 및 평가하기
* 인사 나누기 * 주제 선정하기 * 자료 탐색하기	* 수업 계획 세우기 * 조별 활동 계획 세우기	* 학습 자료 제작 * 홍보물 제작 * 홈페이지 제작	* 강의 자료 제작 * 안내문 제작 * 홈페이지 제작	* 자료 정리하기 * 발표하기 * 평가하기
* 학습 설계서작성	* 수업 계획서 작성	* 프레젠테이션 * 퍼블리셔 사용 * 웹 자료 제작	* 강의 자료 * 안내문 * 홈페이지	* 아이디어 제공 * 정보 나누기 * 수정 및 보완

이 과정에서는 지금까지 작성하거나 제작한 교수·학습 자료들을 쉽게 찾아볼 수 있도록 정리하고 계획 단계에서 작성된 수업 계획서의 목적에 알맞게 진행되어 왔는지를 성찰해 보아야 한다. 이러한 과정은 제작된 자료의 평가와 함께 개선을 위해 다른 사람의 의견을 얻는 기회가 된다. 따라서 지금까지 제작한 자료를 다른 사람 앞에서 발표해 봄으로써 학습자나 교수자 자신뿐 아니라 다른 사람의 의견을 들을 수 있으며, 나아가 보다 우수한 프로젝트 수업을 위한 개선의 기회가 될 것이다.

(1) 정리 및 평가하기

① 자료 정리하기

지금까지 모든 과정에서 제작된 자료들은 폴더를 만들어 체계적으로 정리해두는 것이 좋은 방법이다. 이러한 정리 과정은 이후에 필요한 자료를 손쉽게 찾아 볼 수 있으며, 정리하는 과정을 통해 프로젝트 과정을 점검하고 수업에 대한 이해가 명료해지기 때문이다. 폴더의 명칭은 학습자가 편리한 대로 부여하되 쉽게 구별될 수 있도록 표현하며, 폴더는 구조화시켜 자료를 쉽게 찾아볼 수 있도록 구성하는 것이 바람직하다.

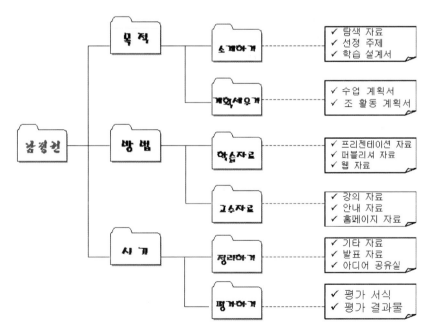

[그림 1-2-28] 자료 정리 폴더의 예

제작이 완료된 자료들은 각각의 폴더에 정리한 후, 학습자 이름이 적혀 있는 최종 폴더에 옮겨 정리한다. 그러나 폴더의 용량이 너무 큰 경우에는 파일들이 저장되지 않기 때문에, CD-ROM 디스크나 USB와 같은 보조기억장치를 사용해야 한다. 최근에는 대용량의 이동식 하드디스크 출시와 함께 인터넷에서 웹하드의 제공으로 인해 대용량 파일을 자유롭게 저장할 수 있다.

일반적으로 대용량 파일은 CD-ROM 디스크에 저장하여 보관하는 것이 안정적이며 널리 사용되기 때문에 Nero 5.5 버전을 중심으로 CD-ROM 디스크 저장 방법을 소개하기로 한다.

선 파일이나 폴더를 CD-ROM 디스크에 저장하기 위해서는 컴퓨터에 저장 응용프로그램을 설치해야 한다. 설치를 하려면 시작-실행 버튼을 누른 후, 실행 창에서 찾아보기 버튼을 누른 다음, 프로그램 CD가 저장된 드라이브를 선택한 후, Setup.exe 파일을 찾아 마우스의 왼쪽 단추를 두 번 누르면 실행된다. 그러나 대부분의 실행 프로그램은 자동으로 실행되는 기능이 있기 때문에, CD 드라이브에 프로그램이 들어있는 CD만 넣어두면 자동으로 프로그램이 설치된다. 프로그램이 컴퓨터에 설치되고 나면, 파일이나 폴더를 새로운 CD-ROM 디스크에 저장할 수 있다. 그러나 대부분의 CD-ROM 디스크는 한 번 저장만 가능(Read Only Memory)하지만, 만일 한 장의 CD-ROM 디스크를 재생하면서 여러 번 저장하려면, 디스크 표면에 기록가능(recordable)이라고 쓰인 CD-ROM 디스크를 구입하면 된다.

파일이나 폴더를 저장하기 위해서는 전혀 사용하지 않은 CD-ROM 디스크를 드라이버에 넣은 후, 컴퓨터 하단의 작업 표시줄에서 시작-모든 프로그램-ahead Nero-Nero Burning Rom을 마우스로 선택한다. 잠시 기다리면 새 컴파일 창이 나타나는데, 자료나 폴더를 저장하려면 맨 왼쪽의 상단에 있는 CD-ROM……아이콘을 선택한 후, 굽기 버튼을 누른다. 여기서 쓰기를 체크하고 나서 오른 쪽 상단에 있는 새 작업 버튼을 누른다([그림 1-2-29]).

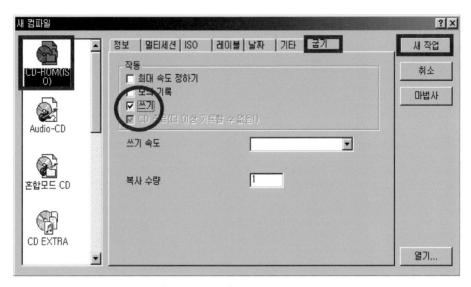

[그림 1-2-29] 새 컴파일 작업 창

굽기 창이 나타나면 화면의 오른쪽에 있는 저장 파일이나 폴더를 마우스로 선택한 후 화면 왼쪽으로 이동시킨다([그림 1-2-30] 참조). 이동이 끝난 후 상단의 도구 모음에서 CD쓰기 버튼(🔥)을 누른 다음, CD 쓰기 창이 보이면 왼쪽 상단에 있는 쓰기 버튼을 눌러서 자료를 저장한다([그림 1-2-31] 참조).

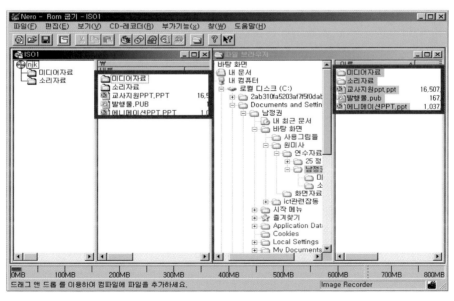

[그림 1-2-30] 굽기 창

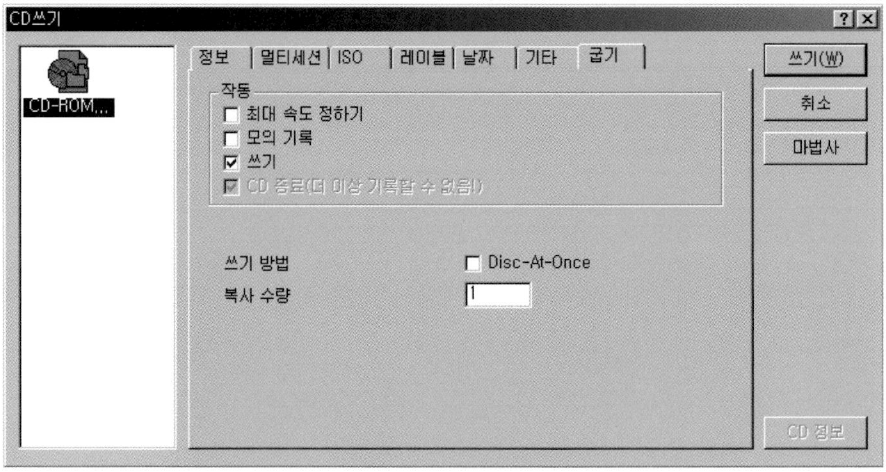

[그림 1-2-31] 쓰기 창

저장이 완료되면 저장이 완료되었다는 메시지가 표시된 완료 창이 나타나는데, 여기서 작업을 완료하려면 화면 하단 왼쪽의 폐기 버튼을 누르거나, 창 왼쪽 상단에 있는 닫기 버튼(✖)을 누르면 작업이 종료된다([그림 1-2-32] 참조).

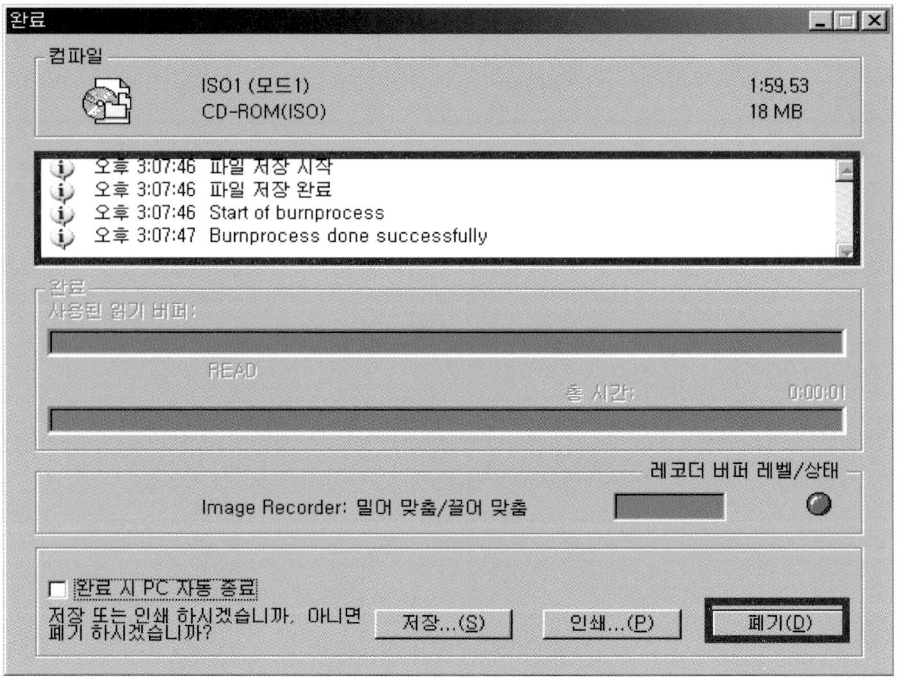

[그림 1-2-32] 작업 완료 창

② 발표하기

지금까지 제작된 자료를 발표하기 이전에 미리 조별로 모여서 의견을 나누는 것이 바람직하다. 이러한 조별 토론 과정은 조원들에게 새롭고 신선한 아이디어나 의견을 통하여, 발표 이전에 미리 자료를 개선하고 평가하기 위해 필요하다. 한편, 발표 이전에는 미리 주변 환경을 점검하여 발표 도중 장애가 발생하지 않도록 대비해야 한다. 예를 들어, 빔 프로젝터가 설치되어 있는지, 화면 밝기는 적절한지, 사용하려는 응용프로그램이 발표용 컴퓨터에 설치되어 있는지 등을 꼼꼼하게 점검할 필요가 있다.

발표에 앞서 필요한 유인물은 인쇄하여 미리 청중에게 나누어주고 발표하는 동안 청중은 소감이나 평가내용을 적도록 한다. 또한, 정해진 발표 시간을 미리 알아두어 중요한 사항을 먼저 발표하되, 발표가 끝난 후에는 제작된 자료에 대해 청중으로부터 질문이나 피드백을 듣는 것이 중요하다.

발표 유형은 학습자 개인이 전체 학습자들 앞에서 발표하는 경우와 조별로 시간을 주어 특정 작품에 대해 토론한 후 대표자가 발표하는 경우, 또는 절반씩 나누어서 교대로 발표하는 방법 등 여러 가지가 있으나 학습 상황을 고려하여 가장 적절한 방법을 선택하면 될 것이다. 일반적으로 50분 수업을 기준으로 할 때, 개인 발표 시간은 약 5분 정도 주어지며, 조별이나 집단 발표의 경우에는 10분에서 20분 정도가 적합하다.

③ 평가하기

평가의 종류와 방법에는 여러 가지가 있지만 여기서는 학습자가 제작한 자료에 한정하여 평가를 언급하고자 한다. 프로젝트 수업을 위해서 학습자는 학습에 관련된 자료와 함께 홍보물, 홈페이지 등을 개인이나 조별로 제작해야 한다. 따라서 학습자들이 제작한 최종 제작물은 일정한 평가 기준을 정하여 비교함으로써 질 좋은 제작물을 만들 수 있고 이미 만들어진 자료의 개선에 기여할 것이다. 평가 기준으로는 파워포인트 프로그램을 사용하여 제작한 프레젠테이션 제작물의 경우, 항목별로 4단계 평가함으로써, 학습자가 자신의 제작물에 대한 평가를 직접 확인할 수 있다(<표 1-2-09> 참조). 여기서 유의할 점은 제작물에 대한 평가 결과가 우열을 가리는 것이 아니라, 다음에 학습 자료를 제작하는 데 있어서 무엇이 부족하고 잘 되었는가를 성찰하는 의미에서 이루어진다는 것을 지도하여 좀 더 잘할 수 있도록 학습자를 격려해야 할 것이다.

퍼블리셔를 활용한 홍보물 제작에 있어서는 설계 측면과 내용 측면 및 기능 측면의 세 가지 관점에서 기준을 설정하였다. 이러한 평가 기준의 설정은 퍼블리셔 프로그램을 사용한 홍보물이 얼마나 화려한가에 관점을 두고 제작하기보다는, 청중에게 얼마나 학습 내용을 제대로 표현하고 전달할 수 있는가가 더 중요하기 때문이다(<표 1-2-10> 참조).

홈페이지는 상호작용을 지원하고 촉진하며, 필요한 학습 자료를 서로 공유하는 데 목적이 있다. 따라서 웹 편집기를 사용해서 제작하기보다는 퍼블리셔 프로그램을 사용하는 것이 효율적이다. 홈페이지 제작은 홍보물 제작과 마찬가지로 설계 측면과 내용 측면 및 기능 측면의 세 가지 관점에서 평가 기준을 설정하였으며, 이러한 평가 기준의 설정은 학습자들에게 효과적인 웹 사이트 구성과 함께 편리하게 학습 자료를 공유하는 데 기여할 수 있을 것이다(<표 1-2-11> 참조).

〈표 1-2-09〉 학습자료 제작 평가의 예

학습 자료 제작에 관한 평가 기준

이름: 홍길동
주제: 수학 함수

평가 항목	매우 부진(1~2점)	부진(3~4점)	우수(5~7점)	매우 우수(8~10점)
이차함수의 예 (실생활 소재)	• 불완전하거나 제한된 자료를 제시함	• 이차함수의 예를 찾았으나 적절치 못함	• 이차함수의 예를 정확하게 찾음	• 이차함수의 예 선택이 신선함
ICT를 활용한 수학실험 (기능 측면)	• 자료에 맞춰 그래프나 함수를 일치시키지 못함 • 명확하고 다양한 프레젠테이션을 수행하기 위한 계획이 없다고 판단됨	• 명확하고 다양한 프레젠테이션을 위한 계획이 있다고 판단됨 • 슬라이드는 이해하기 쉽게 구성됨 • 모델 해석에 오류가 있고 기술적인 면에서 제한되어 있음	• 명확하고 다양한 프레젠테이션을 위한 적절한 계획이 있다고 판단됨 • 슬라이드는 이해하기 쉽게 구성됨 • 자료의 구성제시가 훌륭하고 파워포인트의 특성이 나타남	• 명확하고 다양한 프레젠테이션을 위한 적절한 계획이 확실히 있음 • 슬라이드는 이해하기 쉽게 구성됨 • 자료의 구성제시가 훌륭하고 파워포인트의 특성이 잘 나타남
문제제기 및 문제 해결 (내용 측면)	• 논의를 하지 않음	• 제기한 문제에 오류가 있음 • 실생활 예와 이차함수를 연결하는 데 어려움을 느낌 • 논의 내용이 타당함	• 제기된 문제에 오류가 없음 • 실생활 예를 수학적으로 다룸 • 논의 내용이 명확하고 간결함	• 문제 제기가 충분히 고민해서 구성됨 • 실생활에서 찾은 이차함수의 예로부터 수학적인 사실들을 정확하게 잘 이끌어냄 • 논의 내용이 명확하고 통찰력이 있음

<표 1-2-10> 홍보물 제작 평가의 예

홍보물 제작에 관한 평가 기준

이름: 홍길동
주제: 수학 함수

설계 측면(5~10점)
• 페이지가 읽기 쉽도록 구성되어 있는가
• 전체 공간이 적절하고 부분과 조화를 이루는가
• 그래프 또는 삽화가 페이지 내용을 강화하고 있는가

점수 (점)

내용 측면(5~10점)
• 실생활에서 볼 수 있는 이차함수 곡선의 특징을 정확하게 기술하고 있는가
• 함수와 관련된 제시 내용이 정확한가
• 프로젝트의 복적과 진행이 관련 내용을 지원하고 있는가
• 함수와 관련된 과제가 제시되어 있는가
• 식과 그래프에 대한 상황적 설명이 적절하게 이루어져 있는가

점수 (점)

기능 측면(5~10점)
• 중요한 정보를 효과적으로 요약하고 있는가
• 단어 표기가 정확하고 페이지의 모든 문서가 문법적으로 옳은가
• 텍스트, 이미지, 차트, 그래프 등이 학습목표를 지원하고 있는가
• 내용이 창의적이고 흥미로운가
• 프로젝트와 관련된 정보가 효과적으로 제공되고 있는가

점수 (점)

총점 (점)

<표 1-2-11> 홈페이지 제작 평가의 예

홈페이지 제작에 관한 평가 기준

이름: 홍길동
주제: 수학 함수

설계 측면(5~10점)
• 웹 페이지가 읽기 쉽도록 구성되어 있는가
• 전체 공간이 적절하고 효과적으로 사용되고 있는가
• 그래프 또는 삽화가 웹 페이지 내용을 강화하고 있는가
• 내비게이션이 명확하고 논리적인가

점수 (점)

내용 측면(5~10점)
• 실생활에서 볼 수 있는 이차함수 곡선의 특징을 정확하게 기술하고 있는가
• 함수와 관련하여 제공된 읽을거리가 정확한가
• 프로젝트의 목적과 진행이 학습을 지원하고 있는가
• 함수와 관련된 과제가 제시되어 있는가
• 식과 그래프에 대한 상황적 설명이 적절하게 이루어져 있는가

점수 (점)

기능 측면(5~10점)
• 중요한 정보를 효과적으로 요약하고 있는가
• 단어 표기가 정확하고 사이트의 모든 문서가 문법적으로 옳은가
• 수학적인 과제에 대해 논의되고 있는가
• 내용이 창의적이고 흥미로운가
• 적절한 관련 사이트와 연결되어 있는가

점수 (점)

총점 (점)

Ⅲ. 온라인(On line) 환경의 블렌디드 수업설계

온라인 환경에서의 블렌디드 수업설계는 이러닝(e-learning) 설계 전략을 기반으로 생각할 수 있다. Horton(2006)은 이러닝이 신속하고 순환하는 설계과정이며, 목표 설정 모형의 3단계로서 교수(teach), 사람(who), 대상(to)을 제시하였다. 여기서 교수란 '가르치려는 것이 무엇인가'를 의미하며 기술이나 지식, 태도 등을 가리킨다. 또한, 사람이란 '누가 학습할 것인가'를 지칭하며 학습자를 뜻한다. 대상은 '학습자들이 알고 있거나 실행 가능한 주제의 방향이 무엇인가'를 뜻한다.

좋은 학습목표가 되기 위해서는 명료성(clear), 정밀성(precise), 가치성(worthy)을 갖고 있어야 하며, 이는 상향식(Bottom up), 하향식(Top down), 측향식(Sideways) 등 세 가지의 중요한 위계성을 갖는다. 상향식이란 학습자들이 어떤 주제에 관한 선행 조건을 요구하기 전에 미리 필요한 지식을 가르치는 것이다. 반면, 하향식이란 학습자들이 이미 선수 학습을 통해 선행 조건을 갖고 있다고 가정하고 학습자들이 필요한 지식에 접근하도록 허용하는 것을 의미한다. 측향식은 학습자들이 어떤 주제에 관해 자유롭게 이동하고 서로 만남을 통해 만족하고 발견하는 것을 뜻한다. 이러한 학습목표에 도달하기 위해서는 학습자들에게 흡수(absorb), 실행(does), 연결(connect)이라는 학습 활동이 요구된다(Horton, 2006). 따라서 본 책에서는 Horton(2006)이 제시한 세 가지 유형을 토대로 온라인 환경에서의 블렌디드 수업 전략을 제시하고자 한다.

1. 흡수 활동 유형의 설계 전략

흡수 활동은 주로 어떤 정보로부터 지식을 얻기 위한 활동을 말한다. 이는 책을 읽거나 애니메이션을 관찰하고 어떤 이야기를 듣는 활동이 포함된다. 따라서 흡수 활동은 학습자가 지니고 있는 현재 상태의 지식이나 기술을 증진하는 데 적합하며, 이를 위해 무엇보다 동기 유발이 중요하다. 따라서 흡수 활동이 활성화되기 위해서는 기존의 지루하고 판에 박힌 자료보다는 학습자의 흥미와 호기심을 유발하는 설계 전략이 함께 마련되어야 할 것이다. 이러한 흡수 활동의 유형에는 발표하기, 이야기 공유하기, 독서활동, 현장 견학하기 등이 있다.

1) 발표하기

(1) 발표하기의 용도
발표의 목적은 어떤 정보를 논리적이고 체계적으로 조직하여 내용을 명확히 함으로써 원하는 정보를 학습자에게 제대로 알리거나 학습 주제를 소개하는 데 있다. 따라서 발표는 경험이나 정보의 흐름을 간단히 할 뿐만 아니라 어떤 과정을 설명하도록 설계되어야 한다. 또한, 학습자는 교수자로부터 학습내용을 듣거나 봄으로써 학습하기 때문에 학습자에게 어떤 설명이나 시범을 보이기 위해서는 발표 자료가 필요하며, 이는 계열성을 지닌 구조화와 함께 서론, 본론, 요약 순으로 알기 쉽고 명확하게 구성되어야 한다.

(2) 발표하기의 유형
발표하기의 유형에는 슬라이드 쇼, 물리적인 시범 보이기, 소프트웨어의 시범 보이기, 영화, 드라마, 토론, 포드캐스트(podcast) 등이 있다.

① 슬라이드 쇼
일반적으로 널리 사용되고 있는 슬라이드 쇼는 마이크로 소프트웨어사의 파워포인트와 같이 버튼이나 하이퍼링크를 사용해 웹 페이지 또는 슬라이드를 서로 연결하는 방식이다. 따라서 제대로 된 슬라이드 쇼가 되기 위해서는 텍스트(text)뿐만 아니라 그림과 음성, 애니메이션을 통해 시각적이고 명확한 의사소통을 지원하고 사실적인 동작을 표현하도록 설계되어야 한다.

예를 들어 광합성 작용을 학습하기 위한 슬라이드 쇼는 단순히 광합성 작용을 보여주는 것이 아니라 왜 나뭇잎의 색깔이 변하며, 언제 나뭇잎이 떨어지고 나아가 광합성의 개념이 무엇인가를 구체적으로 설명해야 한다. 기존의 슬라이드 쇼가 학습자의 동기를 유발하지 못한 원인은 교수자 중심의 설계 방식에 있기 때문이다. 따라서 학습자 중심의 설계가 되기 위해서는 보다 풍부하고 흥미로운 다양한 자료들이 알기 쉽게 정리되어 제시될 필요가 있다. 이를 위해 제시한 문제에 체크 버튼을 눌러서 응답하고 이와 함께 다시해보기, 정답 미리보기 등 실습 활동을 지원하는 기능이 포함되어야 한다. 또한, 학습한 내용을 정리해 보는 요약 과정과 함께 내용 관련 사이트를 링크하여 풍부한 참고 자료를 제공하고, 나무의 종류와 나뭇잎의 색깔을 그림으로 보여주어 학습자가 직접 참여하는 설계가 되어야 한다.

② 물리적인 시범 보이기

물리적인 시범은 축구나 댄스 동작의 시범처럼 어떤 절차나 과정을 수행하는 장면을 학습자에게 보여줄 때 사용된다. 따라서 사전에 학습자에게 동작을 미리 보여주고 난 후, 학습자 스스로 동작을 따라할 수 있도록 정밀하면서도 자연스러운 장면이 제공되어야 한다. 따라서 복잡한 동작인 경우에는 요소별로 나눈 다음 분리된 동작들을 어떻게 결합하는지를 가르치는 것이 중요하다. 이와 함께 학습자 스스로 보려는 동작을 멈추거나 속도를 조절하면서 통제할 수 있는 통제 및 조절기능이 포함되도록 설계되어야 한다.

예를 들어 어떤 기계나 장치를 수리하는 장면의 경우, 3차원 장면을 통해 장점과 단점을 상호작용하면서 볼 수 있도록 설계할 수 있다. 이를 위해 주로 물리적인 시범 장면은 비디오를 활용한 학습 자료로 제작하는 것이 바람직하다.

③ 소프트웨어의 시범 보이기

이 유형은 주로 컴퓨터 프로그램 사용법이나 컴퓨터 언어를 습득하기 위한 학습 설계에 적합하다. 또한, 소프트웨어 시뮬레이션은 학습자가 직접 작동시키면서 학습하는 반면, 소프트웨어를 시범 보이는 교수자가 프로그램을 작동하는 장면을 듣거나 보면서 학습하는 방식이다. 따라서 시뮬레이션의 주체가 학습자인 반면, 시범 보이기의 주체는 교수자가 된다.

예를 들어 컴퓨터의 엑셀 프로그램이나 HTML 언어를 학습하는 설계에 있어서는 우선, 교수자가 시범적으로 수행하는 장면을 녹화하고 캡쳐(capture)해야 한다. 이때 교수자는 혼자서 수행 장면을 보여주기도 하지만, 한명의 학습자에게 학습 과정을 직접 수행하게 하면서 지도하는 과정을 통해 다른 학습자들이 관련 지식을 습득하도록 설계할 수 있다. 소프트웨어 시범 보이기 설계에 있어서는 메뉴별로 프로그램의 정의라든지 작성 규칙 등을 함께 안내해야 한다. 이와 동시에 수준별로 상, 중, 하 메뉴를 두어 교수자가 작성한 프로그램을 학습자가 자신의 학습 수준에 적합한 내용을 선택하여 살펴본 후, 프로그램의 수행 결과를 확인할 수 있도록 제공될 필요가 있다.

④ 영화

교육용 영화 매체는 비디오테이프나 디지털 비디오로 널리 사용되고 있다. 이러한 매체는 학습 내용이 상상력만으로는 이해가 어려워 시각적으로 구성될 필요가 있는 경우에 적합하다. 이는 주로 물고기의 헤엄 동작이나 새의 나는 방법과 같이 3차원 동작을 표현하는 경우에 적합하지만, 영상의 재현이 복잡하고 가격이 비싸기 때문에 기존의 영상 자료를 재활용하는 것이 유리하다. 특히, 인터넷을 활용하여 사용자 제작 콘텐츠(User Created Contents; UCC)자료나 3분 30초짜리 영화 기록물을 표현한 미니소드(minisode) 자료를 재활용하면 학습에 큰 도움이 될 것이다.

⑤ 드라마

드라마 활용은 영화와 같이 실제가 아닌 장면을 비디오, 사진이나 그림과 음성, 음성 등을 통해 학습하는 방법이다. 이는 다양한 사람들의 행동이나 상호작용을 설명하는 데 적합하다. 예를 들어 대통령 선거 방송과 같은 정치적 토론이나 과학적인 발견 상황의 재현을 통해 학습자가 역할극이나 시뮬레이션을 준비하는 과정 속에서 학습하는 방식이다.

⑥ 토론

토론 활동은 대화가 너무 지루하거나 다른 사람의 의견을 청취하면서 상호작용 학습을 지원할 때 사용된다. 이를 통해 학습자들은 자신이 흥미 있는 분야의 전문가로부터 유익하고 가치 있는 의견이나 정보를 이끌어낼 수 있다. 이러한 토론의 유형에는 뉴스나 토크쇼, 인터뷰를 비롯하여 패널 토론, 논쟁, 모방 시연 등이 있다.

⑦ 포드캐스트(podcast)

초기 포드캐스트의 사용은 주로 음성에 관련된 오디오 요소가 지배적이었으나, 최근에는 오디오 요소를 결합한 다양한 방식이 사용되고 있다. 특히, 주문형 비디오(Video On Demand; VOD)[7]와 디지털 멀티미디어 이동방송(DMB)[8]을 사용한 와이브로(Wireless Broadband Internet; WiBro)[9] 기술은 PDA와 컴퓨터를 사용하여 언제, 어디서나 학습 내용을 재생하도록 지원하고 있다. 따라서 포드캐스트는 학습자가 여가 시간이나 여행 도중에 학습 내용을 듣거나 말하면서 들을 수 있는 방식이다. 또한, 어떤 내용을 직접 설명하거나 인터뷰, 복습, 현장 생중계 활동, 여행 보고서 등에 사용될 수 있는데, 이들을 서로 결합할 경우 더욱 효과적인 포드캐스트가 될 수 있다.

2) 이야기 공유하기

(1) 이야기 공유하기의 용도

이야기 활동은 개인이 경험한 사례 등을 나눔으로써 학습자가 지니고 있는 개인의 정보와 함께 현재 상태를 파악할 수 있다. 따라서 교수자는 이야기를 통해 자신이 경험한 내용을 학습자의 경험과 결합할 수 있는데, 이를 이야기 공유(story sharing)라고 한다.

교수자나 설계자가 자신의 경험이나 사례 등을 말할 때, 학습자 입장에서는 새로운 지식이나 정보를 얻는 흡수 활동이지만, 학습자 자신이 말하는 경우에는 이미 존재하는 지식과 자신의 정보를 결합하는 연결 활동으로 볼 수 있다. 따라서 이야기 공유하기는 흡수 활동과 함께 연결 활동이 모두 사용된다.

(2) 이야기 공유하기의 유형

이야기의 유형에는 사랑이나 재난, 영웅에 관한 전기, 새로운 것들의 발견에 관한 내용 등 너무 다양하다. 여기서는 이러한 이야기를 학습자와 교수자가 서로 어떻게 공유함으로써 흡수 활동과 연결 활동을 지원하는가 하는 것이 중요하다.

(3) 이야기를 공유하는 방법

이야기 공유를 위해서는 자신의 이야기를 알리는 활동이 필요하다. 교수자든 학습자든

---

7) 인터넷, 케이블, 위성 등을 사용하여 원하는 시간에 원하는 프로그램을 선택하여 볼 수 있는 가족 미디어이다.

8) 휴대전화, DMB 단말기, PDA, PMP 등을 사용하여 이동하면서 콘텐츠를 감시하는 1인 미디어를 말한다.

9) 와이어리스 브로드밴드 인터넷(Wireless Broadband Internet)의 줄임말이며, 이동하면서 초고속 인터넷을 이용할 수 있는 무선 휴대 인터넷을 말한다.

자신이 말하려는 이야기가 어떤 내용이며, 주제와 어떻게 관련이 있는지, 나아가 이야기가 발생한 전후 맥락 등에 관해 구체적으로 소개하는 것이 우선되어야 한다. 이러한 소개 활동이 끝나고 나면 교수자는 말하려는 내용을 이야기하고 학습자는 교수자의 이야기를 듣는 과정이 필요하다. 또한, 교수자뿐만 아니라 학습자가 말하고 교수자가 듣는 과정도 함께 실행되어야 한다. 이러한 과정을 통해 교수자와 학습자는 서로 이야기를 공유하게 되고, 나아가 가르치려는 내용이나 학습하려는 의도를 서로 정확하게 파악할 수 있을 뿐 아니라, 학습자와 교수자가 서로 동등한 조건에서 자유롭게 의견을 나눌 수 있게 될 것이다. 마지막으로 이야기가 끝나면 요약 과정을 통해 서로 나눈 이야기의 요점을 간단히 정리한다. 이러한 요약 과정을 통해 서로 어떤 내용들이 이야기되었는지를 확인할 뿐 아니라 연결 활동으로 연결될 수 있기 때문이다.

이야기를 나누는 과정에서는 교수자와 학습자가 효과적이고 세련된 이야기 방법을 익혀서 시간을 절약하고 의미 있는 학습이 되도록 노력해야 한다. 너무 장황하고 지루한 이야기는 소중한 자원과 시간을 낭비할 수 있다. 효과적인 이야기가 되기 위해서는 우선 말하는 내용이 믿을 만하고 중요한 내용이어야 한다. 신뢰롭지 못하고 중요하지 않은 내용을 장황하고 길게 늘어놓는 이야기 방법은 흡수 활동에 전혀 도움이 되지 않는다. 또한, 말하고자 하는 내용은 가능한 한 짧고 명료하되, 때로는 드라마틱한 이야기의 전개와 함께 등장하는 인물이나 특징에 초점을 두어 대화자의 관심을 최대한 유도해야 한다. 좋은 이야기가 되기 위해서는 완벽한 이야기보다는 전달하려는 목적을 달성하도록 진실하고 명료해야만 한다. 다시 말해 화려하게 말하기보다는 성실하게 말함으로써 상대방의 마음을 움직일 수 있고 효과적인 전달을 통해 흡수 활동이 촉진되기 때문이다. 그러나 너무 성실한 나머지 이야기가 복잡해진다든지 지루하지 않도록 최대한 간단히 말하되, 이야기 도중에는 에피소드를 들려줌으로써 상대방의 호기심을 자극하고 상상력을 제공하는 세련된 방법이 필요하다.

웹을 사용하여 이야기를 공유할 경우에는 교수자와 학습자의 이야기 코너를 각각 두어 이들 간에 상호작용이 지원되도록 설계해야 한다. 교수자의 이야기 메뉴에서는 자신이 경험한 내용을 음성과 문자를 통하여 동시에 지원하되, 학습자의 경우에는 동료와 함께 이야기를 공유할 수 있도록 자신의 의견을 직접 써 놓거나 다른 사람이 올린 글과 비교할 수 있도록 구성하는 것이 좋다. 이와 함께 문자를 사용하여 이야기를 표현하는 경우에는 화면에 별도의 아이콘을 두어 이야기 내용을 선택한 후, 복사하거나 인쇄할 수 있는 기능

을 두면 좋을 것이다. 이외에 화면 축소와 확대 기능 버튼이나 재생 및 정지 기능 버튼을
두어 언제든지 학습자가 자신의 학습 과정을 통제하도록 지원할 필요가 있다.

3) 독서활동

(1) 독서활동의 용도

독서활동은 학습자에게 중요한 정보를 제공하고 새로운 영감(inspiration)을 얻도록 한다
(Horton, 2006). 따라서 학습자들이 좀 더 자세한 정보를 얻거나 맞춤형 학습을 위해 문서
를 제작할 경우 독서활동이 필요하다. 독서활동에 관련된 자료들은 인쇄된 문서나 웹을
통해 비교적 잘 조직되고 정리되어 있지만, 인쇄된 문서의 경우에는 학습자의 실행활동이
부족하고 제한된 상호작용의 문제점을 안고 있기 때문에 전자서적(electronic books)이 함께
제공되어야 한다. 전자서적의 기능은 미리 만들어진 목록 가운데 필요한 내용을 선택하기
보다는 학습자가 관련 내용의 단어를 직접 입력하여 쉽게 찾아갈 수 있도록 자유형(free
form) 구조로 설계하는 것이 바람직하다.

이러한 독서 활동은 읽기를 위해 사전에 충분히 동기된 학습자들이 주제와 관련된 심
도 깊은 지식을 원할 때, 또는 상호작용을 지원하는 매체를 개발하고 준비할 시간이 없을
경우 매우 효과적이다.

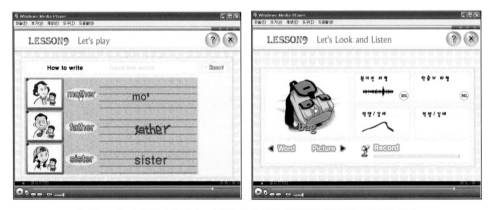

[그림 1-3-01] 영어과 전자교과서의 단어 익히기(왼쪽)와 발음법(오른쪽)의 예10)

---

10) (주) 노스(NOS Technology)

(2) 독서활동의 유형

흡수 활동에서의 독서활동 유형은 매우 다양하다. 문서를 비롯하여 전자 도서관이나 인터넷의 검색엔진을 사용하여 언제든지 학습자가 원하는 자료를 탐색하여 읽을 수 있다. 문서의 경우에는 교재를 비롯하여 정기 간행물, 대중잡지, 브로셔, 저널, 매뉴얼, 신문, 보고서, 다이어리, 블로그 등 매우 다양한 경로를 통하여 독서활동이 가능하다. 다만, 문서의 유형 가운데 탐색한 자료를 어떠한 형태로 편집·가공할 것인가를 고려해야 한다. 예를 들어 HTML 문서의 경우에는 플러그인(plun-in) 없이 브라우저(browser)에서 직접 재현이 가능하지만 다른 형태의 변환이 쉽지 않은 단점을 지니고 있다. 반면, PDF(Portable Document Format)의 경우에는 어떤 문서라도 기본적인 문서 형태로 표현과 인쇄가 가능하며, Adobe의 플래시(Flash) 자료는 애니메이션이나 그림, 비디오 등을 재생할 수 있지만, 이러한 문서들은 Acrobat Reader 프로그램이나 플래시 재생기를 컴퓨터에 설치해야 하는 번거로움이 있다. 따라서 문서를 사용한 독서활동을 위해서는 사전에 문서를 재생하거나 보여줄 수 있는 프로그램의 특징을 파악한 후, 가장 적합한 프로그램을 설치해두어야 한다.

(3) 독서활동의 방법

활발한 독서활동을 지원하기 위해서는 문서의 활용과 함께 전자 도서관을 이용하는 것이 효과적이다. 전자 도서관의 구성은 여러 개의 메뉴를 두어 학습자가 필요한 메뉴와 매체를 사용하여야 한다. 이를 통해 학습자는 여러 종류의 자료를 쉽게 탐색하여 독서할 수 있도록 가능한 간단하게 설계해야 한다. 또한, 필요한 자료의 주문이나 복사를 위하여 관련 사이트를 링크시켜 두거나, 연결이나 실행활동과 연계성을 갖추어 학습할 수 있도록 지원되어야 한다.

4) 현장 견학하기

(1) 현장 견학하기의 용도

현장 견학은 학습자들이 온라인 박물관이나 물리적인 현장 견학을 통해 실세계 속에 존재하는 다양한 학습 경험을 하는 데 필요하다. 따라서 온라인 현장 견학은 학습자가 어떤 기기를 직접 작동하거나 여행이 어려운 경우, 또는 너무 위험하여 접근이 금지된 곳을 가상공간에서 학습자의 흥미를 유발시키면서 교육하는 방법이다. 현장 견학을 통해 학습자들은 전시된 사진이나 자료를 단순히 내려받기(down)보다는 정보나 자료들 간의 관계를 탐구하고 조사하는 활동이 필요하다.

⑵ 현장 견학하기의 유형

현장 견학에는 박물관이나 공원, 역사적인 장소, 동물원, 식물원, 온실, 왕의 무덤이나 사적지, 전투현장, 신체의 구조, 가상도시, 동굴 탐험, 원자로 방문 등 다양한 소재가 될 수 있다. 이러한 현장 견학은 실제 사례나 배경을 소개하고 보여주면서 학습자들이 새로운 환경이나 시스템에 적응하도록 지도해야 한다.

본 책에서는 온라인 현장견학의 사례로서 여행안내와 박물관을 소개하고자 한다.

① 온라인 여행안내

온라인 여행은 지층이나 암석 구조, 역사 유적지 탐색을 위해 가상공간에서 이동하는 과정이 포함된다. 따라서 여행을 위한 전체적인 구조와 탐색 기능, 미리보기 기능 등은 제공되지만, 이를 사용하는 프로그램 작동방법은 알려주지 않는다. 예를 들어 학습자가 '여행' 버튼을 누르면, '정지'와 '안내'에 관한 설명을 위해 두 개의 윈도우 창이 열리고 다음 단계의 진행을 위해 '다음' 버튼을 눌러서 여행하게 된다. 이러한 온라인 여행은 소개, 관광 중지, 요약의 3단계 과정을 거치게 되는데, 소개 단계에서는 학습자에게 여행의 목적이나 중요성을 설명한 후, 여행 방법을 알려준다. 중지 단계에서는 여행 도중에 잠시 멈추어서 학습자 개인이 특별한 전시물을 살펴볼 수 있도록 위치를 연결하여 제공하는 과정이며, 요약 단계는 중지 단계에서 얻은 자료나 정보를 간단히 정리해 보는 과정이다.

좋은 온라인 여행은 학습자에게 적절한 흥미와 만족감을 주며, 자신의 인터넷 항해에 확신을 주어야 한다. 이를 위해 Horton(2006)은 다음과 같은 일곱 가지 설계 전략을 제시하고 있다.

첫째, 학습자들이 자신에게 관심 있는 목표를 탐험하도록 지원한다.

학습자들이 단지 눈으로 보고 읽는 활동보다는 좀 더 만족할 수 있도록 여행 도중에 잠시 멈춘 후, 다양한 관점에서 선택하고 표시하면서 여행하도록 설계한다.

둘째, 학습자들이 여행 도중 자주 멈추어서 아름다운 그림이나 장면을 보고 설명하면서 말하도록 설계한다.

셋째, 여행도중 학습자가 자신의 현재 위치에서 다음 위치를 바라보면서 목적지를 잃지 않도록 학습자의 현재 위치를 알려주도록 한다.

넷째, 학습자 스스로 여행 도중 자신의 목적지를 설계하고 조직할 수 있도록 전체적인 지도(map)과 함께 전망대(gallery)를 제공하여 여행에 대한 자신감을 주도록 한다.

다섯째, 안전한 여행이 될 수 있도록 복귀(rejoin) 버튼을 두어 학습자가 항해 도중 길을 잃어 버렸을 경우, 출발지로 되돌아가 길을 찾도록 지원한다.

여섯째, 여행 도중 쉴 때마다 학습자에게 시각적인 이미지를 제시하여 수시로 목적지를 상기시키도록 한다. 이러한 활동을 통해 학습자는 목적지를 명확하게 찾아갈 수 있다.

일곱째, 여행의 초점을 잃지 않고 꾸준히 유지한다.

여행은 학습자에게 단순한 지침이나 편리함을 주기 위한 교수 매뉴얼을 작성하는 것이 아니다. 학습자들이 여행을 하면서 부분적인 조각들을 전체적으로 어떻게 맞추어나갈 것인지를 도와야 한다.

온라인 여행 방법에는 모바일(mobile)을 활용한 경우와 모바일을 사용하지 않은 현장 여행이 있다.

(가) 모바일 온라인 여행

모바일(mobile) 온라인 여행은 웹 페이지를 통해 여행 관련 사항을 보여주거나 모바일 장치를 작동시켜서 여행을 안내하는 단순한 형태이며, 모바일 장치로는 포켓PC[11]나 모바일폰을 사용한다.

HP_IPAQ-214 기종   HP_Jornada_420 기종   HP_Jornada_545 기종

[그림 1-3-02] 포켓 PC의 http://en.wikiped

---

11) 포켓 PC란 '사용자들이 이메일, 약속, 만남, 과제, 멀티미디어 파일 재생, 게임, 메신저를 사용한 문자 메시지 교환, 웹 탐색 등의 정보를 저장하고 재생이 가능하도록 조정하는 장치'이다(http://www.microsoft.com/en/us/default.aspx).

모바일 온라인 여행 방법은 여행하려는 목적지의 여행 과정에 관해 동영상 및 문자와 음성을 사용하여 자세하게 안내하는 과정으로 진행된다. 목적지까지의 거리가 얼마나 되는지, 목적지 주변에 여행에 참고 될 자료는 어떤 것이 있는지, 또는 목적지에 관한 역사적인 사실 등을 포켓PC나 모바일 폰을 통해 자세하게 소개하도록 설계한다.

(나) 현장 여행

현장(field) 여행은 색인(index) 목록 메뉴를 통해 여행 목적지에 관한 사진과 함께 자세한 설명이 나타나도록 설계해야 한다. 목적지에 관해 좀 더 자세히 알고 싶은 경우에는 주소를 표시한 관련 사진을 클릭하면 학습자가 원하는 목적지의 다양한 정보(역사, 찾아가는 지도, 위치, 특징 등)들을 미리 찾아볼 수 있다. 이때 찾아가려는 목적지의 지도(map)를 선택하여 누를 경우, 지도와 함께 사진을 볼 수 있다면 더욱 효과적인 여행안내가 될 수 있다. 또한, 현장 여행을 지원하기 위해서는 검색 기능이 함께 제공될 필요가 있다. 학습자들은 검색 메뉴를 통해 목적지뿐만 아니라 인접한 지역의 다양한 정보를 습득하게 된다. 나아가 거리 이름이나 연도, 유형, 특징, 주요 단어(keywords) 등을 입력할 경우, 학습자는 원하는 목적지를 가장 빠르고 손쉽게 찾아갈 수 있을 것이다.

② 온라인 박물관

온라인 박물관은 박물관을 항해하는 방법 이외에 온라인 여행안내와 같이 웹을 사용하여 가상의 박물관을 견학하는 방법이다. 이는 웹 기반 박물관, e－박물관, 가상 갤러리, 온라인 갤러리 등으로 다양하게 불리고 있다. 학습자는 박물관에 전시된 사진이나 명칭을 누를 경우, 간단한 설명과 함께 자세한 전문적인 내용의 서비스를 체험할 수 있다. 또한, 탐색 버튼을 사용하여 박물관 내의 전시물에 관한 자세한 특성을 찾아 기록할 수 있다. 따라서 온라인 박물관은 학습자들이 보고 싶은 전시물을 직접 선택하여 원하는 정보를 수집할 수 있게 조절기능이 포함되도록 설계해야 한다. 이와 함께 평면적인 전시보다는 입체적 전시를 통해 학습자의 흥미를 유발하도록 전시물을 배치하고 학습자의 흥미가 무엇인지를 알아보는 고객 지도와 메뉴를 함께 제공해야 한다. 이러한 방법에는 박물관 전체에 관한 색인(index) 목록이나 검색 메뉴, 또는 시각적인 갤러리, 키워드 링크 등이 있다.

2. 실행 활동 유형의 설계 전략

흡수 활동이 정보를 제공하는 것이라면, 실행 활동은 획득한 정보를 지식과 기술(skill)로 변형하는 것을 뜻한다(Horton, 2006). 학습자들은 학습 활동의 50%가량을 실행 활동으로 보내며, 이러한 실행 활동은 지식의 적용과 함께 발견, 분석 및 해석, 확인, 결합 및 조직, 토론, 평가, 요약 및 정교화 등의 다양한 작업을 수행하게 된다. 따라서 실행 활동은 학습자들이 탐구하고 발견할 수 있도록 학습을 활성화시켜야 하며, 실세계에 적용하고 준비하는 노력과 함께 능동적인 호기심을 갖도록 안내되어야 한다.

실행 활동은 다양한 형태로 표현될 수 있지만, 실습 활동, 발견 활동, 게임 및 시뮬레이션 활동의 세 가지 형태로 나눌 수 있다. 이 가운데 실습 활동은 복잡한 기계나 기술을 분석하거나 정리하고 연습하는 과정이며, 발견 활동은 학습자들의 실험과 탐구력을 사용하여 새로운 개념이나 원리, 사실을 안내하는 과정이다. 또한, 게임 및 시뮬레이션 활동은 학습자들이 게임이나 시뮬레이션을 모니터(monitor)하면서 학습을 수행하는 가운데 새로운 지식을 스스로 발견하고 기술을 습득하는 과정이다.

1) 실습 활동

(1) 실습 활동의 용도

실습의 목적은 학습자들이 습득한 기술이나 지식, 태도 등을 숙달시키는 데 있기 때문에 새로운 내용을 학습하는 것이 아니라, 이미 알고 있는 기술이나 지식을 적용하고 연습하는 기회가 제공되어야 한다. 따라서 실습 활동을 수행하기 위해서는 컴퓨터를 사용하거나 교수자가 학습자에게 직접 과제를 할당해야 한다. 학습자는 각자 할당된 과제를 수행하게 되고, 수행한 결과는 교수자나 컴퓨터가 평가하고 피드백을 제공하는 과정을 거치게 된다. 따라서 실습 활동은 과제 할당, 학습자 수행, 교수자 피드백의 3단계 과정으로 이루어진다.

(2) 실습 활동의 종류

실습 활동에는 훈련과 실습, 참여, 안내된 분석, 팀워크 등이 있다. 훈련이나 실습은 반복적인 과제 수행을 통해 기술력과 응용력을 신장시키는 것이 목적이다. 참여 활동은 학습자가 단순히 참여하는 보고 듣는 것이 아니라 과제를 직접 수행함으로써 이론을 적용해 보고 실생활에 사용할 수 있는 능력을 기르는 것이다. 안내된 분석은 수업 도중에 단계적인 과제 분석을 통해 학습자의 복잡한 과제 수행 능력을 돕기 위한 활동이다. 또한, 팀워크 활동은 주어진 복잡한 과제를 학습자들이 협력 기술을 사용하여 수행하도록 지원하는 활동이다.

① 훈련과 실습 활동

훈련과 실습 활동은 추상적인 지식을 가르치기보다는 학습자가 단어나 손짓, 기호 및 신호, 철자 및 문법, 프로그래밍 언어 등을 사용하여 실제 과제를 수행하도록 하는 것이 목적이다. 이러한 과정을 통해 학습자는 스포츠나 댄스 동작, 또는 위험한 상황에서의 응급조치 등을 자연스럽게 수행할 수 있다. 그러나 수행하려는 과제가 너무 위험한 경우, 또는 천천히 조심스럽게 실행하는 경우에는 화면을 보면서 모방할 수 있는 시뮬레이션 학습이 효과적이다.

훈련과 실습 활동의 수행에 있어서 처음에는 간단한 문제부터 시작하여 점차 난이도를 높여가면서 복잡하고 어려운 문제를 해결해 나가도록 제공하는 것이 바람직하다. 이는 학습자에게 문제의 해결 시간은 줄이는 대신 어려움을 증가시키도록 자극함으로써 성취의 욕을 높이는 데 적합하다. 또한, 훈련과 실습 활동의 설계는 학습 내용에 따라 각각 다르게 설계될 필요가 있다. 간단한 수학이나 계산을 요구하는 문제이거나 또는 양적인 평가를 산출하는 경우에는 컴퓨터를 사용하여 학습자가 풀기 위한 문제를 무작위로 만들어내도록 설계되어야 한다. 반면, 문법이나 언어 학습의 경우에는 문제 은행으로부터 학습자가 임의로 문제를 선택하게 하거나 학습자 능력에 따라 단계적으로 문제를 선택하여 해결할 수 있도록 설계하는 것이 바람직하다.

효과적인 훈련과 실습 활동을 위해서는 학습자에게 문제를 주고 난 후, 다른 문제를 주기 이전에 학습자의 풀이에 대해 피드백(feedback)을 제공하도록 설계해야 한다. 예를 들어 학습자들이 주어진 문제를 해결한 후, 정답을 빈칸에 직접 쓰고 나서 확인 버튼을 누르면 정답 여부를 즉시 알려주며, 오답인 경우에는 정답을 함께 제시하여 왜 틀렸는지를 문자를 통해 직접 보여준다. 이러한 과정을 거친 후 문제 풀이의 결과가 정답으로 되어야만 다음 단계로 진행하면서 다른 문제를 풀 수 있다.

② 참여 활동

참여(hands on activities) 활동은 학습자들에게 실생활의 과제를 주고난 후, 성공에 대한 피드백을 제공하는 방법이다. 학습자가 컴퓨터를 사용하여 참여 활동을 수행하기 위해서는 미리 학습자에게 과제가 제시되어야 한다. 예를 들어 숫자의 진법 변환에 관한 학습을 수행하는 경우, 학습자는 사전에 진수 변환 방법과 함께 계산 프로그램 사용법을 익히도록 안내해야 한다. 또한, 진법 변환 과정은 순서대로 따라 익힐 수 있도록 소개하고 요약하여 제시함으로써 학습자가 쉽게 익힐 수 있도록 설계되어야 한다. 이러한 선수 학습 과정을 마친 후 실제 평가 문항을 통하여 진법 변환을 수행하게 되는데, 이때에는 평가하기, 다시 해보기, 정답 보기 버튼을 두어 학습자 스스로 자신이 응답한 결과에 대한 피드백을 즉시 볼 수 있도록 제공되어야 한다.

③ 안내된 분석 활동

대부분의 실습 활동들은 학습자가 매뉴얼에 쓰인 과제나 과정을 단순히 되풀이하면서 이루어진다. 이러한 한계성을 벗어나 학습자들이 복잡한 상황을 분석하면서 얻어진 다양한 정보들을 분리하고 혼합, 구체화하여 결론을 얻거나 일반적인 원리를 추론하기 위해서는 안내된 분석 활동이 필요하다. 분석 활동을 통해 얻어진 정보나 지식들은 자료화(data) 함으로써 언제든지 학습에 사용될 수 있으며, 이는 수학적인 계산과 함께 정렬이나 분류 및 자료 분석을 통해 나타난 원리들을 이끌어낸다.

안내된 분석의 수행에 있어서 학습자는 자신이 무엇을 할 것인가(so what)라는 질문을 스스로에게 수시로 던져야 한다. 이는 안내된 분석을 위해 학습자가 어떤 공식이나 절차를 적용하는 데 도움을 주기 때문이다. 안내된 분석에 있어서 복잡한 자료를 단순화시키는 방법은 학습자가 자료를 비교하고 대조하는 방법이다. 이러한 자료의 비교를 통해 항목별로 카테고리(category)를 정해 분류할 수 있기 때문이다.

예를 들어 토양의 성분을 분석할 경우, 점토와 모래의 비율에 따라 토양의 조직을 그림이나 사진으로 제시한 후, 항목별로 선 긋기를 통해 선택할 수 있다. 또한, 토양 속에 묻힌 광물들을 종류별로 분류하는 경우, 마우스로 관련 그림을 선택하여 해당 위치에 끌어놓기(drag and drop) 하도록 설계할 수 있다. 이러한 학습 자료의 제작은 Adove사의 캡티베이트(Captivate) 프로그램이나 드림위버(Dreamweaver), 플래시(Flash) 프로그램을 사용하면 효과적이다.

다음은 캡티베이트(Captivate) 프로그램을 사용하여 제작한 프로그램의 예이며, 저작도구의 기능이 기존의 플래시나 포토샵 프로그램과 비슷하기 때문에 손쉽게 사용할 수 있다.

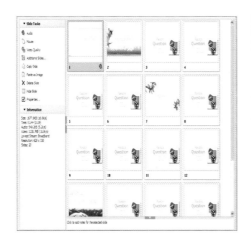

[그림 1-3-03] Captivate Random Quiz의 저작도구(왼쪽)와 실행화면(오른쪽)

안내된 분석의 설계에 있어서는 무엇을 가르칠 것인가를 염두에 두고 분석을 위한 기술과 원리를 위한 발견 활동을 고려해야 한다. 이는 안내된 분석 활동이 자료의 제시보다는 기술이나 원리에 집중하도록 설계되어야 하기 때문이다. 또한, 단순한 자료 수집이 아니라 학습자의 분석 활동을 지원하기 위해 불필요한 방해 요소를 제거해야 한다. 예를 들어 자료를 탐색하는 경우에는 관련 사이트를 링크시키고 복잡한 계산의 경우에는 계산기를 활용하도록 설계하는 것이 바람직하다.

④ 팀워크 활동

협력이란 2명 이상의 사람들이 창조적인 공동의 목적을 향해 지적인 노력을 기울이면서 상호 학습과 상호작용을 반복하는 하나의 과정이다(Downes, 2007). 이는 팀워크(team work)와 관련이 있으며, 협력 과정은 ① 팀 만들기 ② 아이디어(idea) 생성 ③ 의사결정 ④ 작업 또는 제작 ⑤ 평가 또는 재생의 다섯 단계로 이루어진다.

이 가운데 협력을 위한 팀 구성은 연결(connection) 과정으로서, Katzenbach와 그의 동료(2003)들은 다음의 여섯 가지를 확인할 필요가 있다고 주장하였다. 첫째, 12명 이하의 소집단으로 구성하고 있는지 둘째, 집단 내 부족한 기술(skill)을 보충하는지 셋째, 작업을 위한 공동의 목적이 마련되어있는지 넷째, 일반적으로 일치하는 명확한 수행 목적이 있는지 다섯째, 서로 공유된 실행 접근이 마련되어 있는지 마지막으로 모든 조원들끼리 상호 책임감이 있는지 등이다.

아이디어 생성은 창조 과정(creating)[12]으로서, 이를 위해 브레인스토밍(Brainstorming), 개념 및 마인드 지도(mind map) 형성, 분석, 스토리보드(storyboard) 작성, 역할극 등이 필요하다. 또한, 의사결정은 하나의 결정(deciding) 과정[13]이기 때문에 전제적(autocratic)이거나 배타적(cliques)일 뿐만 아니라 신중한 처리, 합의 및 투표를 위한 행정적인 절차가 필요하다. 작업이나 제작은 산출(producing) 과정으로서 실행이나 탐색, 계획 세우기, 최적화 등의 여러 가지 기능과 함께 개별 작업에 대한 역할과 책임 분배가 명확하게 이루어져야 한다. 마지막으로 평가나 재생 과정은 일종의 성찰(reflecting) 과정을 의미한다. 따라서 이 과정에서는 기대와 결과에 대한 비교, 조사 및 투표, 객관적인 측정, 최선의 실행을 위한 수집 활동 등이 포함되어야 한다.

팀워크 활동은 조원들과 함께 문제를 해결하기 위해 온라인 미팅이나 토론 활동을 통해 조원끼리 부족한 의사소통을 보완하는 방법이다. 따라서 학습자에게 과제를 할당한 후, 학습자들이 스스로 팀을 조직하도록 도와주면 된다. 이와 함께 팀워크 활동은 운영 모형에 따라 각기 다르게 설계되어야 한다. 소규모 수업의 경우에는 개인에 초점을 맞추어 교수자가 학습 도중 피드백을 주어 좀 더 능동적인 참여를 유도하는 반면, 대규모 수업에서는 팀별로 동일한 과제를 할당한다. 그리고 난 후, 각 팀은 다른 팀의 해결방법을 참고하여 자신의 해결책을 수정하여 제출하며, 각 팀이 제출한 자료 가운데서 최선의 자료를 선택하여 일반화한다. 또한, 언어학습인 경우에는 주어진 과제 해결을 위해 외국인과 팀을 구성하여 함께 과제를 해결하도록 한다.

팀워크 활동이 성공을 거두기 위해서는 명확한 팀별 등급 매기기, 일정 계획 미리 알리기, 도전 가능한 목표 제시 등이 필요하다. 또한, 온라인 학습방법을 지양하고 컴퓨터 대신 오프라인 학습을 병행한 블렌디드 학습의 적용과 함께 학습자의 능력에 따라 과제 수행 방법을 다르게 제시해야 한다. 이와 함께 안내된 분석이나 독서, 발표, 연구 활동 등다른 활동들과 결합하여 수행함으로써 학습에 대한 시너지(synergy) 효과를 일으키도록 설계해야 한다.

예를 들어 팀워크 활동 수행 이전에 학습 계획을 세우기 위해서는 참여자들에게 새로운 계획을 준비하기 위한 과제가 주어져야 한다. 이를 위해 등급이나 점수 부여 방법, 토론 참여 방법, 참고 자료 사이트 소개, 실행 가능한 것들, 과제 할당 등이 구체적으로 안내

---

12) Site URL: http://creatingminds.org/tools/tools_ideation.htm
13) Site URL: http://www.csuchico.edu/sac/leaders/grpdecision.html

할 필요가 있다. 즉, 등급이나 점수 제출 기간, 평가 항목 등이 제시되고 토론 참여 사이트 및 접속 순서, 토론 형태, 참고 문헌 소개, 팀의 조장이 해야 할 일과 일정 등에 관해 자세하고 명료하게 안내되어야 한다.

2) 발견 활동

(1) 발견 활동의 용도

발견 활동은 학습자의 호기심을 자극하거나 개발하고 탐구 활동을 통해 실제적인 지식을 습득하는 데 목적이 있다. 따라서 이미 개발된 새로운 아이디어를 보여주기보다는 학습자 스스로 자신의 아이디어를 발견해나갈 수 있도록 안내해야 한다. 학습자들은 여러 번의 시행착오나 깨달음을 통해 새로운 사실이나 원리를 발견할 수 있다. 따라서 발견 활동은 새로운 기술과 지식의 발견을 위한 탐구나 원리학습은 물론, 특정 주제에 관한 호기심을 통해 학습자들이 무엇을 발견하고 해석해야 하는지를 알려주어야 한다.

(2) 발견 활동의 종류

온라인 학습에서의 발견 활동은 가상 실험실, 사례 연구, 역할극 등이 수행될 수 있다. 가상 실험실을 통해 학습자는 컴퓨터 시스템과의 상호작용은 물론 보다 참신한 방법으로 사고하고 어떤 원리를 발견할 수 있으며, 복잡하고 이해하기 어려운 개념 학습의 경우에는 사례 연구를 통해 실제 상황이나 사건들을 분석할 수 있다. 또한, 역할극은 학습자들이 실제와 다른 상황 속에서 최선의 방법이나 행동을 선택하고 어떤 전략을 제공하는 데 매우 효과적인 발견 활동이 될 수 있다.

① 가상 실험실

가상 실험실은 웹을 사용한 실험실이다. 이를 통해 학습자는 실험 결과를 관찰하고 평가할 수 있도록 실험 장치나 계산기 등이 화면에 제공된다. 이러한 실험실은 유체 흐름 실험이나 컴퓨터 프로그램 언어의 학습에 사용될 수 있다. 예를 들어 유체 흐름 실험의 경우에는 온도나 열전도, 두께, 위치 등 다양한 요소에 따른 유체의 이동을 직접 실험할 수 있으며, 컴퓨터 프로그램 언어 학습의 경우에는 화면에서 지시하는 화살표 버튼에 따라 단계적으로 따라하기 학습이 가능할 뿐 아니라, 직접 문자를 빈칸에 입력하여 실행 결과를 확인할 수 있다. 또한, 학습자는 가상 그래프용지를 사용하여 측정 자료와 위치를 직접 표현해 봄으로써 원리를 발견하고 깨닫게 된다.

가상 실험실에서는 파워포인트와 함께 Adobe사의 Breeze Presenter 프로그램이 내장되어 있으며, 유체 흐름 실험실 제작은 Microsoft사의 엑셀과 Crystal사의 엑셀시우스(Xcelsius) 프로그램이 사용된다. 또한, 컴퓨터 프로그램 언어 학습 실험실은 Adobe사의 Dreamweaver와 JavaScript 프로그램을 사용하여 제작할 수 있으며, 드래그 앤 드롭(drag and drop) 작동은 Adobe사의 플래시 프로그램을 사용하면 된다.

② 사례 연구

학습자들은 사례 연구를 통해 개념과 원리를 추론하고 발견하기 위한 의미 있는 경험을 할 수 있다. 일반 연구에서는 정보를 얻기 위해 주로 읽기를 활용하지만, 사례 연구는 특정 사건에 인용하기 위한 문제 해결과 분석 기술을 응용할 때 수행된다. 어떤 실패 사례의 경우에는 실패한 원인을 분석하여 기술적 지원을 할 수 있는데, 이를 실행하기 위한 사례 연구 활동은 Microsoft사의 파워포인트로 제작한 후, Adobe사의 Breeze Presenter를 사용하여 웹으로 전송할 수 있다. 한편, 상호작용을 위한 사례 연구는 컴퓨터 게임을 수행하는 경우, 사람들 사이의 상호작용을 실험하기 위한 사회적 상호작용 시뮬레이터(simulator)에 사용되었는데, 이는 학습자가 목표를 향해 진행하는 과정을 방해하거나 돕도록 의사 결정하는 데 필요하다.

③ 역할극

학습자들은 어른이나 다른 사람의 행동이나 역할을 보고 수행하면서 학습하게 된다. 역할극은 교수자가 어떤 목표 달성을 위해 수업 목표를 설정하고 학습자에게 역할을 할당하게 된다. 이때 학습자는 목적을 달성하기 위해 자신의 역할에 관해 연구하고 조사하면서 온라인 미팅이나 토론 등의 협력을 통해 자신의 역할을 충실히 수행하게 된다.

3) 게임 및 시뮬레이션 활동

(1) 게임 및 시뮬레이션의 용도

게임과 시뮬레이션은 학습자가 재미있는 놀이를 즐기면서 학습하는 방식이다. 따라서 학습용 게임은 학습자의 흥미와 함께 분명한 학습 목표를 갖추어야만 한다. 이는 학습용 게임이 놀이를 위한 흥미보다는 교육에 목적을 두고 있기 때문이다. 학습용 게임이 일상의 경쟁과 호기심을 유발하는 비디오 게임, 보드 게임, 퀴즈 쇼 등으로 설계하는 반면, 시뮬레이션은 학습자 자신이 수행하는 위험한 과제들이 안전한지를 확인하는 데 사용될 수 있다.

게임과 시뮬레이션에 있어서 가장 중요한 요소는 학습자이다. 이는 학습자 스스로 자신이 어떤 과제의 목표를 달성하기 위해 무엇을 선택할 것인가를 결정하기 때문이다. 효과적인 학습용 게임을 개발하는 일은 힘들고 시간이 걸리며 비싸기 때문에 복잡한 프로그램과 그래픽 대신에 어떻게 설계할 것인가가 무엇보다 중요하다.

(2) 게임의 종류 및 설계

학습용 게임의 경우에는 흥미보다는 교육에 목적을 두어 학습자의 학습 의욕을 유발할 수 있어야 한다. 따라서 행동(action)보다는 학습(learning)에 중점을 두어 가르치려는 지식과 기술이 게임 도중에 적용되어야 한다. 이를 위해 학습자가 단순히 마우스를 움직이는 물리적인 활동보다는 고차원적인 수준의 사고 과정에 중점을 두어야 하며, 학습 목적 달성을 제한하지 않도록 설계될 필요가 있다.

학습용 게임이 정확히 학습 목표를 달성하도록 지원되기 위해서는 우선 학습 목적이나 목표가 설정되어야 한다. 즉, 게임을 통해 달성하려는 최종적인 목적이 무엇인지, 이를 달성하기 위한 방법은 무엇인지를 인식하는 일이 중요하다. 또한, 학습 목표 달성을 위해 학습자나 등장하는 캐릭터에게 역할과 함께 동기를 부여해야 한다. 이와 함께 교수자는 학습자로 하여금 처음 시작을 어떻게 하도록 설계할 것이며, 학습 도중에 일어나는 다양한 규칙들을 어떻게 게임에 연동시켜 작동할 것인가를 고민해야 할 것이다.

① 퀴즈 쇼

퀴즈 쇼의 경우에는 화면을 통해 질문이 제시되면 학습자가 빈칸에 정답을 써넣는 방식이다. 따라서 학습자가 정답을 맞히면 자신의 점수가 올라가지만, 틀릴 경우에는 감점된다. 이러한 방식은 학습자에게 인센티브를 제공하여 자발적인 학습을 유도하는 경우에 적합하다. 또한, 학습 초기에는 가장 기본적인 내용을 손쉽게 실행하지만 점차 난이도를 높여가면서 어려운 과제를 수행할 경우에 바람직하다.

② 단어 퍼즐

단어 퍼즐은 어휘와 함께 기술적인 언어를 사용하여 학습자가 응답하는 단어를 퍼즐에 직접 쓰면서 즐겁게 학습하는 방식이다. 이는 용어에 관한 지식을 평가하며, 독서의 동기화를 촉진하는 데 유익하다. 드림위버(Dreamweaver)와 자바스크립트(Java Script) 프로그램을 사용하여 손쉽게 제작할 수 있으며, 십자말풀이(crossword) 퍼즐과 교수형(hangman) 퍼즐이 있다.

십자말풀이의 경우 가로와 세로가 일치하는 단어를 선택하여 각각 빈칸에 써 넣은 후, '평가' 버튼을 누르면 결과가 즉시 나타난다. 따라서 '평가' 버튼 기능과 함께 '힌트(hint)' 기능 버튼을 제시할 경우, 학습자에게 정답에 대한 암시가 미리 제공되어 학습 의욕을 높일 수 있으며, 학습자가 정답을 모를 경우, '미리보기' 버튼을 통해 언제든지 확인할 수 있다. 이러한 기능들은 학습자들이 잘 모르거나 부족한 내용을 미리 익힐 수 있으며, 나아가 '재시도' 버튼을 눌러서 완전하게 학습을 수행할 수 있다.

교수형 퍼즐의 경우에는 미리 문제가 제시되면 학습자가 문제에 알맞은 정답을 한 글자씩 선택하여 써넣는 방식이다. 학습자가 문제 아래에 제시된 문자나 숫자판을 통해 정답에 관련된 기호나 문자, 숫자를 한 글자씩 눌러서 선택하면 정답이 한 글자씩 보이는 방식이다. 특히, 학습 시작과 함께 남은 시간이 계산되어 표시될 뿐 아니라 현재 점수가 함께 보이기 때문에 학습자는 정해진 시간 내에 자신이 얼마나 점수를 얻었는지 확인할 수 있다.

③ 직소 퍼즐

직소 퍼즐은 흩어진 조각을 하나씩 맞추어 전체를 완성하는 방식으로서 추상적인 개념을 쉽게 이해하는 데 적합하다. 이러한 과정을 통해 학습자는 전체와 부분과의 관계를 발견할 수 있다. 직소 퍼즐을 수행하기 위해서는 조각을 이동시키려는 위치를 마우스로 눌러서 선택해야 한다. 그리고 난 후, 이동하려는 조각을 누르면 이동하고자 하는 위치에 조각이 자동으로 이동된다. 또한, '평가' 기능 버튼을 눌러서 수행 결과와 함께 피드백을 즉시 제공받을 수 있으며, '힌트'나 '미리보기' 기능 버튼을 사용하면 정답의 암시나 정답을 직접 확인할 수 있다. '다시 해보기' 기능 버튼을 누르면 학습자는 여러 번 반복하여 학습을 수행할 수 있다. 이러한 직소 퍼즐은 드림위버(Dreamweaver)나 포토샵(Photoshop), 자바스크립트(Java Script) 등의 프로그램을 사용하여 제작할 수 있으며, 네트워크 퍼즐을 위해서는 별도의 디렉터(Director)와 디렉터 쇽 웨이브 플러그인(Director Shockwave Plugin) 프로그램이 필요하다.

(3) 시뮬레이션의 종류 및 설계

시뮬레이션은 학습을 직접 수행하기 어렵거나 위험한 경우, 또는 학습자가 접근하기 곤란한 경우에 사용된다. 이는 사용 목적과 방법에 따라 인터뷰 시뮬레이션, 소프트웨어 시뮬레이션, 장치 시뮬레이션, 개별 응답 시뮬레이션, 수학 시뮬레이션, 환경 시뮬레이션 등이 있다.

① 인터뷰 시뮬레이션

인터뷰 시뮬레이션 방식은 범인(犯人)을 알아내는 탐정 프로그램 등을 통해 학습자들에게 인터뷰 기술을 가르칠 때 사용된다. 예를 들어 학습자에게 사건 해결에 결정적인 범인이라는 실마리를 이끌어내기 위한 다양한 목격자들의 인터뷰 과제가 주어진다. 이러한 인터뷰 과제가 주어지고 나면, 학습자는 인터뷰 시뮬레이션을 통해 문제 해결을 시도한다. 이때, 주어지는 피드백은 사건에 관련된 것들만 제공되는데, 학습자들은 이러한 피드백을 통해 최종적으로 범인을 확인하게 된다. 학습 과정이 끝나면 학습자에게는 문제 해결에 소요된 시간과 활동에 대한 효율성을 기초로 최종 점수가 부여된다. 프로그램은 Power Point나 Neo Speech 합성 프로그램을 사용하여 영상과 음성을 혼합하여 제작하면 효과적이지만, 음성이나 비디오가 없을 경우에는 슬라이드끼리 링크하여 보여주어도 무방하다.

② 소프트웨어 시뮬레이션

소프트웨어 시뮬레이션을 통해 컴퓨터 프로그램 작동을 학습할 수 있다. 이 프로그램은 학습자가 프로그램의 오류나 삭제의 염려 없이 운용 시스템과 데이터베이스(database)를 연결하여 실습할 수 있다. 이는 간단한 Power Point를 사용하여 제작할 수 있다.

시뮬레이션의 구성은 서론과 미리보기, 직접 해보기, 문제 해결 방법, 요약 등으로 나누어 생각할 수 있다. 서론에서는 시뮬레이션 작동방법에 관해 단계적으로 소개하고, 미리보기 과정에서는 학습자가 실행 버튼을 누르면서 컴퓨터 프로그램의 작동 과정을 음성과 간단한 문서를 통해 자세하게 보고 들을 수 있다. 직접 해보기 과정에서는 학습자가 마우스를 누르면 다음 과정으로 순차적으로 이동하는데, 이때 틀린 곳을 누를 경우에는 풍선 도움말을 통해 정확한 위치를 안내하도록 한다. 문제 해결 방법에서는 학습자가 컴퓨터 프로그램을 작동하기 이전에 알고 있어야 하는 선수 지식이나 학습 목표, 피드백, 문제점, 인쇄하기 등을 안내하고, 요약과정에서는 학습 내용을 한 페이지에 간략하게 단계적으로 제시하면 된다.

③ 장치 시뮬레이션

장치 시뮬레이션은 어떤 장치의 작동하는 방법을 가르칠 때 적합하다. 학습자는 화면에 표시된 그림의 클릭, 버튼 누르기, 손잡이 돌리기, 마우스 끌기 등을 통해 직접 실습할 수 있다. 예를 들어 모바일 기기를 작동하는 경우, 학습자는 작동 방법의 설명을 보고 들으면서 사용 방법을 모를 경우에는 '힌트' 버튼을 누르면 작동방법이 문서로 나타나고, '해보기' 버튼을 누르면 풍선 도움말로 해당 위치가 표시된다. 또한, 전자 장치의 경우에는 학습자가 해당 그림이나 라디오(Radio) 버튼을 누르면서 화면을 통해 장치의 작동 과정을 볼 수 있다. 장치 시뮬레이션의 제작에 있어서 영상의 경우에는 Power Point와 함께 ActiveX plugin 프로그램을 사용하며, 음성은 Captivate와 Power Point, Flash 프로그램을 사용하면 된다.

④ 개별 응답 시뮬레이션

개별 응답 시뮬레이션은 학습자들에게 복잡한 결정을 부여하고 여러 가지 요소들을 변화시켜 보면서 화면을 통해 결과를 즉시 나타내는 방식이다.

예를 들어 학습자가 필요한 영양 식단을 짤 경우, 식사 이전, 식사 도중, 식사 이후의 음식 메뉴를 각각 선택하면 된다. 메뉴 선택이 끝나면 주문 버튼을 눌러서 작성된 식단의 영양 상태와 칼로리, 필요한 재료의 양을 즉시 살펴볼 수 있다. 이 프로그램은 Dreamweaver와 Active Server Pages를 사용하여 제작한 후 실행할 수 있다.

⑤ 수학 시뮬레이션

수학 시뮬레이션은 학습자가 수학을 재미있고 시각적이며 직관적으로 학습할 수 있도록 지원하는 방식이다. 예를 들어 학습자가 슬라이드 막대나 손잡이를 사용하여 어떤 일을 수행하는 데 필요한 재료의 양이나 개수를 선택하면, 해당 재료의 가격이 산출되고 동시에 최종 결과를 그림과 함께 산출 가격으로 직접 나타낼 수 있다. 이러한 관리 시스템을 통해 학습자는 수학적인 해결책과 함께 가장 적절한 재료의 선택이나 요소를 찾아낼 수 있다. 또 다른 예는 학습자가 해당 위치에 다양한 숫자를 입력시켜 배율을 조정한 후, '결과 보기'를 선택하면 그래프를 통해 숫자 입력에 따른 변동 과정을 직접 볼 수 있다. 이러한 시뮬레이션 프로그램은 엑셀이나 플래시를 사용하면 손쉽게 제작할 수 있다.

⑥ 환경 시뮬레이션

환경 시뮬레이션은 학습자가 자연 환경과 같이 복잡한 시스템을 실험할 때 사용된다. 예를 들어 학습자가 가상공간에서 농경지를 만들어 최상의 생태 환경을 설정한 후, 가변적이고 다양한 방법을 시도할 수 있다. 학습자들은 화면에 제공된 농기구들을 사용하여 가상공간에서 작물이나 식물을 경작한 결과를 즉시 알 수 있을 뿐 아니라, 소요되는 비용을 산출해 볼 수 있다. 또한, 관련 서적과 함께 참고문헌을 통해 경작에 관련된 자료 탐색이 가능하다. 이러한 시뮬레이션은 Dreamweaver와 Active Server Pages 프로그램을 사용하여 제작할 수 있다.

3. 연결 활동 유형의 설계 전략

연결 활동이란 학습자가 이미 알고 있는 지식이나 내용을 서로 연결시키거나 응용하는 것을 뜻한다. 따라서 연결 활동은 학습 활동의 목적에 따라 어떤 유형을 선택할 것인지를 결정하게 된다. 즉, 새로운 지식이나 내용을 학습하거나 가르치는 경우에는 흡수 활동이거나 실행 활동인 반면, 이미 알고 있는 지식을 학습하려는 것과 통합할 경우에는 연결 활동에 해당된다. 이러한 연결 활동을 통해 학습자들은 이미 배운 내용을 실제 적용해 봄으로써 일상적인 삶과 학습 간의 차이를 줄일 수 있다.

1) 연결 활동

(1) 연결 활동의 용도

성공적인 연결 활동을 위해서는 학습자 자신이 무엇을 연결할 것인가를 분명히 인식한 후 시작하는 것이 중요하다. 이는 학습자가 학습의 목적을 분명히 인식하여 연결함으로써 흡수 활동이나 실행 활동과의 혼란을 피할 수 있기 때문이다.

　(2) 연결 활동의 종류

　연결 활동에는 숙고(ponder) 활동, 직무보조(job aids) 활동, 연구(research) 활동, 독창적인 작업(original work) 활동 등이 있다. 숙고 활동은 브레인스토밍(brainstorming) 기법이나 요약, 평가 또는 회상 등을 사용하여 학습자가 깊이 있고 보다 폭넓게 사고하도록 지원한다. 직무보조 활동은 계산기나 전자상담, 용어풀이 등을 사용하여 과제를 해결하도록 지원하는 활동이다. 또한, 연구 활동은 학습자들에게 정보의 출처, 정보에 관한 사용 및 발견 방법 등에 관해 알려주며, 독창적인 작업 활동은 학습자들이 실제적인 과제 수행을 통해 학습 내용을 비판하고 평가하도록 지원한다.

① 숙고 활동

　숙고 활동은 학습자 스스로 자신이 학습하고 있는 내용에 관해 깊이 있고 폭넓은 사고를 유발하도록 잠시 멈추어 새로운 시각으로 바라보는 과정이다. 이러한 숙고 활동은 학습 주제를 심화시키거나 폭넓게 접근할 경우, 또는 다양한 개념이나 경험들을 통합하여 새로운 내용을 산출하는 경우와 학습이 비효과적인 방향으로 진행되는 것을 방지하는 경우에 사용된다.

　숙고 활동의 유형에는 주의 집중을 위한 질문, 묵상, 예제 찾기, 평가, 요약, 브레인스토밍 활동 등이 있다. 이 가운데 주의 집중을 위한 질문은 학습자들에게 주제에 관한 수많은 예제들과 생각을 얻기 위해 간단히 묻는 것을 말한다. 묵상은 학습 도중에 학습자의 감정적인 저항을 줄이거나 긴장된 학습자를 안정시키는 경우에 적합하다. 이러한 묵상 활동을 통해 학습자는 학습의 범위를 넓히고 맥락(context)을 중시하게 되며, 전체적인 사고와 함께 개방적인 지적 사고가 가능하다. 예제 찾기는 학습자들에게 학습이나 주제에 관련된 인용문이나 예제를 어떻게 찾아 적용할 것인가를 요구하는 활동이다. 이를 위해 학습자는 ① 예제를 찾기 위한 검색 ② 제출하려는 예제의 단순화 ③ 찾으려는 예제의 유형 지정 과정을 거치게 되는데, 이때 선택된 예제나 인용문이 실제 적용 가능하며 정확한 것인지를 반드시 검토해야 한다. 평가 활동은 학습자들이 실제 적용한 아이디어에 관한 적합성 여부, 항목의 재검토 및 대체를 위해 필요하다. 반면, 요약 활동은 학습자 개인이 무엇을 배웠는지를 되돌아보거나 집단이 사전에 준비해야 하는 정보를 간단히 정리해두기 위해 필요하다. 이를 위해 요약은 가능한 단순하게 하되, 무엇을 할 것인지를 명확히 하여 집단에게 요약 활동을 할당할 필요가 있다. 즉, 처음에는 개인별로 요약한 것을 토론방에 올려놓은 후, 집단이 온라인 미팅이나 포럼을 통해 요약한 것을 함께 토론해 보는 과정이 필요하다. 브레인스토밍 활동은 많은 아이디어를 산출하는 창조적 과정이다. 따라서 학습 자들이 집단이나 개인별로 문제 해결을 위해 독창적인 방법을 제시할 수 있다. 이를 위해 교수자는 학습자를 동기화하고 창의력을 개발하도록 다양한 지원 전략을 제공해야 한다.

② 직무보조 활동

직무보조 활동은 형식적인 교육은 아니지만, 학습자를 지원하기 위해 다양한 기술이나 지식을 적용하는 것을 의미한다. 예를 들어 시스템의 절차나 과정에 필요한 단계를 기록 하는 체크리스트(checklists), 학습 현장에서 정보를 재생하기 위한 요약 자료의 참조, 용어 풀이를 위한 소사전, 계산기, 전자 상담 등이 있다.

예를 들어 계산기의 경우에는 화면 제시형(on screen)과 모바일(mobile) 유형으로 나눌 수 있으며, Dreamweaver와 Java Script, Flash 프로그램을 사용하여 제작할 수 있다. 화면 제시형 은 종이와 펜을 사용하여 복잡한 계산을 하는 대신 화면에서 계산하고자 하는 영역과 항 목을 마우스로 선택하면 자동으로 최종 계산 결과를 보여주는 방식이다. 또한, 모바일 유 형은 Pocket PC에 계산 프로그램을 내장하여 자동적으로 계산 결과를 보여준다.

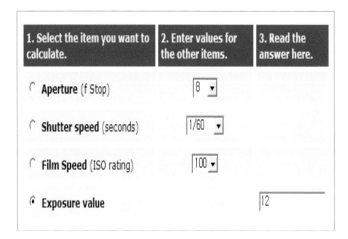 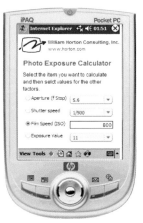

[그림 1-3-04] 화면 제시형 계산기(왼쪽)와 모바일 계산기(오른쪽)의 예16)[14]

---

14) Horton, W(2006), *E-Learningin by Design*, CA: Pfeiffer An Imprint of Wiley.

이러한 직무보조 활동 자료들은 가능한 단순하게 만들어야 하며, 다른 활동들과 결합이 용이하여 학습을 마친 후에도 계속 사용할 수 있도록 설계해야만 한다.

③ 연구 활동

연구 활동은 학습자에게 정보를 수집하고 분석하며 보고하는 방법을 가르치는 활동이다. 연구 내용이 단순히 정보만 포함되어 있다면 흡수 활동이며, 정보를 수집하도록 요구하는 경우에는 실행 활동에 해당된다. 그러나 연구 활동에서는 보편적인 지식의 연결과 함께 학습을 안내하는 활동이 포함되기 때문에 연결 활동으로 볼 수 있다.

특히, 연구 활동의 종류에는 정보를 어디에서 찾는가를 의미하는 Scavenger Hunt 방식과 습득한 정보로부터 결론을 유도하는 Guided Research 방식이 있다.

Scavenger Hunt 방식은 학습자들이 관련 정보를 어디에서 찾았는지를 확인하도록 설계되어야 한다. 예를 들어 관련 그림이나 자료를 제시한 후, 제시된 정보가 어디에 있는지를 학습자가 선택하여 응답할 수 있다. 따라서 학습자가 해당 버튼을 누르면 즉시 결과를 보여주고 나서 잘못된 경우에는 관련 정보가 어디에 있는지를 안내해 주어야 한다.

Guided Research 방식은 학습 내용에 관한 개요와 함께 언제, 어떻게, 어떤 방법으로 과제를 수행해야 하는지를 안내한다. 또한, 평가 메뉴를 두어 학습 과정을 학습자 스스로 진

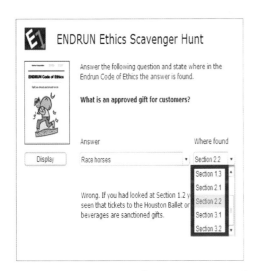

[그림 1-3-05] Scavenger Hunt 방식(왼쪽)과 Guided Research 방식(오른쪽)17)15)

---

15) Horton, W(2006), *E-Learningin by Design*, CA: Pfeiffer An Imprint of Wiley.

단하고 학습에 관련된 웹 사이트의 안내와 함께 최종 결과를 제출하는 과정으로 이루어진다.

④ **독창적인 작업 활동**

독창적인 작업 활동 과정은 학습자들이 자신에게 할당된 과제를 독창적으로 풀고 나서 동료나 교수자에게 제출하여 평가받는 방식이다. 이는 학습자의 과제 수행을 격려하기 위한 활동으로서, 가르치는 내용을 학습자가 제대로 적용하거나 종합하는 능력, 최종 평가, 실습 등에 관한 사항을 확인할 때 사용된다. 독창적인 작업 활동의 종류에는 의사결정, 작업 문서, 저널(journal), 비교, 집단적인 비판 활동 등이 있다. 따라서 독창적인 작업 활동을 위해서는 활동 목적의 명확한 제시와 함께 자세한 과제 수행 안내, 과제 수행 중 지켜야 할 규칙, 관련 내용의 참고자료 안내, 평가 방법의 안내 및 교수자의 연락처 등이 설계 요소에 충분히 반영되어야 한다.

제 2 부

블렌디드 수업의
오프라인 수업 사례

이 단원에서는 블렌디드 수업을 적용한 오프라인 수업 사례를 소개하였다. 오프라인 수업 방식은 체제적(systemic) ICT 활용 수업 전략(남정권, 2007)에 기초하여 1) 목적의 문제 해결하기 2) 방법의 문제 해결하기 3) 시기의 문제 해결하기 과정을 사례별로 적용하였다. 우리나라 특수학교와 초등학교, 중학교, 고등학교, 대학교에서 학습 상황에 따라 각각 다르게 적용된 수업 사례를 다음과 같이 제시하였다.

제1장 특수학교의 사례

☑ **단순 시각 장애 아동을 위한 점자 지도**

> 본 사례는 특수학교에서 단순 시각 장애 아동을 위한 점자 지도를 오프라인 수업 방식에 의하여 적용한 것이다. 시각 장애로 인해 학습자의 컴퓨터 사용이 곤란하여 온라인 상호작용은 어려웠으나, 오프라인 수업을 통해 이를 해결하였으며, 학부모와의 상호작용을 촉진하였다.

Ⅰ. 연구의 필요성

특수 아동에 대한 일반적 정의는 정신적 특성, 감각적 특성, 의사소통 능력, 행동 및 정서적 발달, 신체적 특성이 보통이나 정상으로부터 차이가 있는 아동으로서 그들의 잠재 능력을 개발하기 위해 특수한 교육적 서비스가 요구되는 아동을 말한다. 즉, 특수 아동이란 다른 학생보다 다양성의 범위가 큰 교육 대상을 의미한다. 미국 장애인 교육법(IDEA)의 분류에서 보면 시각 장애는 맹(盲)과 저(低) 시력을 포함한 개념으로 시력, 시야, 색각 등의 제한 정도에 의해 정의된다. 시각 장애는 손상이나 불능으로 인해 지적, 심리적, 신체적, 사회적, 직업적 분야에서 개인이 불리하게 됨을 의미하며, 이는 학습 장애와도 관련이 된다. 학습 장애란 특정한 학습 영역의 학업 성취나 그 성취 능력을 발휘하는 데 있어서 부족함을 보이는 증세이다. 이는 구어 및 문어의 이해와 사용상의 기본적인 심리 과정에서 한 가지 이상의 장애를 지닌 학습자들을 의미하며, 이 같은 기초적 심리 과정상의 장애는 듣기, 말하기, 읽기, 쓰기, 철자 혹은 산수 계산 등의 불완전한 장애를 나타낸다.

본 연구는 학습자가 두 가지 이상의 장애를 갖지 않도록 도울 뿐 아니라 단순 시각 장애의 경우, 교육적 학습 지원을 통해 특수 아동들이 신체적, 정신적으로 성취감을 느끼고 장애를 극복하는 데 도움을 줄 수 있도록 하는 데 목적이 있다.

1. 연구 대상

연구 대상자는 국립 서울맹학교에 재학 중인 만 5세 남아로서 시각장애 외에는 다른 장애를 갖고 있지 않다. 초등부는 2개 반이며, 각 반은 6~7명으로 이루어져 있다. 시각 아동과 중복 아동 통합 교육을 통해 중복 특수아 교육의 질적 향상을 도모하고 장애 학생은 누구나, 언제, 어디서든지 교육받을 수 있는 교육 기회를 보장하고 있다.

2. 인 원

단순 시각 장애 아동을 위한 점자 기초 지도는 그룹 활동이 어려워 개별 활동으로 이루어진다. 점자는 쓰고(찍기) 읽는 방법이 서로 달라 학습자들은 점자 교육 초기 입문 과정에서 많은 혼란을 겪는다. 점자를 찍고 종이를 뒤집어 점자를 읽어야 하기 때문에 글을 쓰고 읽는 것이 오른쪽에서 왼쪽으로만 이루어지는 것이 아니라는 것을 익히는 데 많은 시간이 걸리기 때문이다. 점자 초기 교육에 있어서는 학습 인원을 2명 이상으로 하는 것은 의미가 없는데, 이는 학습자를 1인으로 하여 이루어지는 점자 초기학습이 학습자들에게 더 많은 도움을 주기 때문이다.

3. 연구 기간

단순 시각 장애 유아를 위한 점자 지도는 매일 30분에서 1시간 정도 진행된다. 모음과 자음의 온점을 익히고 모음과 자음의 조합을 점자로 표현할 수 있도록 돕는다. 연구 기간은 11월 5일부터 11월 30일까지 4주에 걸쳐 진행하였으며, 사전 검사는 실시하지 않았다. 본 연구에서는 점자 기초 학습에 제한되기 때문에 학습자의 선수 학습이 없다는 것을 전제로 실시하였다.

〈표 2-1-01〉 점자일람표

자음초성	ㄱ	ㄴ	ㄷ	ㄹ	ㅁ	ㅂ	ㅅ	ㅈ	ㅊ	ㅋ	ㅌ	ㅍ	ㅎ		된소리
자음종성	ㄱ	ㄴ	ㄷ	ㄹ	ㅁ	ㅂ	ㅅ	ㅇ	ㅈ	ㅊ	ㅋ	ㅌ	ㅍ	ㅎ	쌍받침
모음	ㅏ	ㅑ	ㅓ	ㅕ	ㅗ	ㅛ	ㅜ	ㅠ	ㅡ	ㅣ	ㅐ	ㅔ	ㅒ	ㅖ	
모음	ㅘ	ㅝ	ㅚ	ㅟ		ㅒ		ㅙ		ㅞ					
약자	가	사	억	옹	울	옥	연	운	온	언	얼	열	인	영	을	은
약자	것		그러나		그러면		그래서		그런데		그러므로		그리고		그리하여	
숫자	수표	1	2	3	4	5	6	7	8	9	0
부호	?	!	+	−	=	×	÷	"	"	(	)	,	.
알파벳 영어	A	B	C	D	E	F	G	H	I	J	K	L	M
	N	O	P	Q	R	S	T	U	V	W	X	Y	Z

Ⅱ. 연구 내용

1. 목적의 문제 해결하기

1) 소개하기

(1) 인사 나누기

학습자들이 자신을 소개하고 다른 사람과 친해지기 위해서 '나'를 표현하도록 지도하였다. 이와 함께 음성 메시지를 활용하였는데, 이는 학습 시작 전의 긴장감을 낮추는 데 도움이 되었다.

(2) 자신을 소개하기

저학년 시각 아동의 경우 컴퓨터 활용은 제한점이 많았다. 특히, 혼자서 표를 만들거나 그림을 그린다는 것은 매우 어려웠다. 블로그에 교사가 '나를 소개합니다'를 만들어 제공한 후, 학부모는 빈칸에 학습자가 내용을 채울 수 있도록 지원하였다. 그러나 학습자 컴퓨터에 음성 프로그램이 설치되어 있는 경우에는 학부모가 소개서 내용에는 관여하지 않는다.

♡ 나를 소개합니다 ♡
성명: 홍길동 미래의 꿈은: 선생님 취미: 독서(역사와 여행기) 제일 좋아하는 것: 여행 지금 하고 싶은 일: 여행기 읽기

[그림 2-1-01] 나를 소개하기의 예

(3) 친해지기

그룹 지도인 경우에는 학습자끼리 친밀도를 높이기 위해 자신을 알리고 다른 학습자에 대한 정보를 얻도록 하였다. 그러나 개별지도인 경우에는 학습자와 교수자 간의 관계가 중요하기 때문에 학습자와 교수자가 친해지기 위해 '서로에게 바라는 것'이란 제목을 정한 후 전자우편, 블로그, 카페 등을 이용하여 서로 바라는 내용을 주고받았다. 여기서 주고받은 내용은 교사가 누계하여 저장하였다.

(4) 나를 표현하기

학습자와 교수자는 서로의 컴퓨터에서 상대방을 부를 별명을 정하고 오프라인 학습에서 별명을 통해 자신을 표현할 수 있도록 도와주었다. 학습자에게 점자 별명 표를 달아주고 학습자가 점자(규칙 없이 찍기)로 자신을 표현할 수 있도록 돕는 것은 자신을 자유롭게 표현하고 점자에 호기심을 갖도록 유도할 수 있었다.

2) 주제 선정하기

(1) 핵심 단원

핵심 단원에서는 교수자가 초등 쓰기와 읽기에 필요한 내용을 포괄적으로 선정하였다. 기초 단원이 끝난 후, 다음 단계의 단원을 선정할 때에는 학습자가 주제를 미리 선정하도록 하는 것도 좋을 것이다.

(2) 기본 단원

기본 단원에서는 구체적이고 나선형적인 학습이 될 수 있도록 사전에 학습자와 상의하여 선정하였다. 특히 핵심 단원과 기본 단원에 있어서는 학부모가 학습자의 학습 내용을 미리 알고 학습자와 교수자를 도울 수 있도록 알려주었다.

(3) 심화 단원

심화 단원은 학습자의 학습 상황에 맞도록 주제를 선정하였으며, 학습 상황이 어려울 때에는 내용을 바꾸어 진행하였다. 이 단계에서는 학습자를 위한 학습이 진행될 수 있도록 지원해야 한다.

(4) 자료 탐색

검색 엔진이나 웹사이트 평가서는 저학년의 경우, 학습자가 이용하기보다 학부모가 학습자 대리로 이용하는 경우가 흔하다. 점자 초기 학습에서는 검색 엔진 사용이 많지 않았다. 또한, 웹사이트 평가서에 있는 정보 윤리, 저작권법, 질적 검증 등은 오히려 검증이 쉽게 이루어질 수 있었다. 점자 교육 연구가 대학이나 국가 연구 기관을 중심으로 이루어지기 때문에 이러한 연구 기관들의 검증은 어렵지 않았다.

<표 2-1-02> 점자 기초 학습 단계적 단원 주제의 예

핵심 단원	기본 단원	심화 단원
• 읽기가 가능할까?	• 초등 수업에서 읽기가 가능할까? -초등 읽기 수업에 필요한 내용을 알 수 있을까? -단어, 어휘, 짧은 문장을 알 수 있을까? -검지를 이용하여 점자를 읽을 수 있을까?	• 온점은 무엇인가? -온점의 위치를 알 수 있을까? -온점을 읽을 수 있을까? -촉각, 지각을 이용할 수 있을까?
• 쓰기가 가능할까?	• 초등 수업에서 쓰기가 가능할까? -초등 쓰기 수업에 필요한 내용을 알 수 있을까? -단어, 어휘, 짧은 문장을 쓸 수 있을까? -점필, 점판, 점간 사용법을 알 수 있을까?	• 찍는 것의 용도는 무엇인가? -점자쓰기 방법, 온점을 익힐 수 있을까? -점필 쥐는 법, 점판 사용법, 점간 끼우는 법, 점자 용지 끼우는 방법 등을 할 수 있을까?

3) 학습 계획

(1) 학습 계획 세우기

① 학습자 중심

핵심 단원, 기본 단원, 심화 단원의 단계적인 단원 주제와 일치하는지를 확인하고 계획을 세운다. 이는 핵심, 기본, 심화의 수업 단계로서 학습이 제대로 이루어지는지, 학습 내용이 구체적이고 지속적이며 나선형식으로 이루어지는지를 확인하는 과정이다.

② 학습 환경 고려

수업 전 토론 사항, 컴퓨터실 예약 상황, 기구 및 장치 상태 점검 등 수업 시작 전에 교수자는 학습자와 학부모의 미팅을 통해 학습 목표를 정한 후, 이를 달성하기 위한 사전 준비와 태도에 대해 서로 이야기를 나누었다. 학부모가 학교에서 컴퓨터 사용이 가능한 시간과 장소(교실의 교수자 컴퓨터 또는 컴퓨터실의 컴퓨터)를 정하거나 이들 기기의 사용이 가능하도록 돕는 과정이다. 또한, 학습자가 컴퓨터를 사용할 때 스피커가 잘 작동하는지 여부는 매우 중요한 점검이다.

③ 학습방법

학습방법(개별, 모둠)은 개별적으로 이루어지는 것이 좋았다. 점자 초기 학습은 그룹으로 할 경우 학습의 질이 급격히 떨어지며, 학습 자체가 어렵다고 생각된다. 점자 학습에서는 집중력이 중요한데, 모둠 학습의 경우에는 집중력이 많이 떨어지기 때문에 점자 초기 학습에서는 개별 지도를 원칙으로 하였다.

<표 2-1-03> 수업 전 토론 사항

Q	• 효과적인 학습을 위해 설치되어야 하는 기기나 프로그램은 무엇인가?
Ans	• 기기: 컴퓨터, 스피커 프로그램: 음성 프로그램
Q	• 학습을 지원하기 위해 인터넷 사용이 가능한가? 가능하다면 어느 정도인가?
Ans	• 인터넷을 이용한 전자우편, 블로그, 카페 게시판에 글 올리기, 글 주고받는 정도
Q	• 학습을 위해 교사가 사전에 알고 있어야 하는 지식은 어떤 것들인가?
Ans	• 기기나 프로그램 사용방법, 학습자의 스케폴딩
Q	• 협력 학습을 위해 사전에 학습자, 학부모에 대한 고려 사항은?
Ans	• 학부모의 컴퓨터 사용능력, 학부모의 역할, 학습자의 내적 및 외적 심리적 상태
Q	• 학습자에게 외적 또는 내적으로 지원할 수 사람은 누구인가?
Ans	• 동료 교사, 외부 전문가, 학부모
Q	• 학습을 시작하기 이전에 미리 준비해야 할 사항은?
Ans	• 학부모 참관 가능 시간, 개별 학습이 가능한 교실
Q	• 학습을 위한 보조 자료가 필요한가? 필요하다면 어떤 종류인가?
Ans	• 점자 보드판, 온점 익히는 자석, 이동식 철재 칠판, 녹음기
Q	• 학습 도중에 학습자의 질문에 어떻게 피드백을 줄 것인가?
Ans	• 자유롭게 질문하도록 하고 학습내용을 녹음하여 학습 후 피드백함

(2) 개별 활동 계획 세우기

① 역할 나누기

본 연구에서는 학습이 개별 활동으로 이루어지기 때문에 조원 구성은 별도로 하지 않았다. 그러나 개별 활동에 지원이 필요한 경우 동료 교사나 학부모, 학습자들은 역할을 정하고 자신의 역할이 무엇인지 정확하게 알도록 하였다(<표 2-1-04> 참조).

<표 2-1-04> 학습자와 학부모 및 교사의 역할

	학습자	학부모	교 사
역할	• 새로운 단어의 형태와 의미를 안다. • 복습 과제를 스스로 한다. • 시간과 장소에 늦지 않는다.	• 학습자가 단어의 의미를 올바르게 사용하도록 돕는다. • 학습자가 복습을 스스로 하도록 돕는다. • 시간과 장소에 미리 도착한다.	• 동시 및 동화를 통해 새 단어를 제시한다. • 복습 과제를 낸다. • 과제의 완성도에 따라 다음 단계의 학습을 계획하고 수정한다.

② 자기 효과

개별 활동에서는 부익부 현상, 봉 효과, 무임 승객효과 등은 나타나지 않는 현상들이다. 개인의 학습 의지가 학습 결과에 그대로 반영되기 때문에 개별 학습자는 자신이 학습 결과를 책임지게 된다.

③ 학습자의 사회력과 협동력 증진

조별 활동으로 얻어질 수 있는 사회력과 협동력 증진은 개별 활동에서는 기대하기 어렵다. 그러나 개별 활동으로 학습자 간 학습의 차이는 있었다. 이러한 차이는 학습자 또는 학부모 간에 정보를 주고받는 데 부족할 수 있지만 사회력과 협동력을 키울 수 있었다.

④ 개인별 역할

선수 학습이 없는 상태에서 점자 기초 학습을 위해 학습자와 학부모의 준비가 필요하다. 무엇보다 새로운 단어를 익히는 경험과 학습의 복습이 중요하였다.

⑤ 학습자가 책임을 다하기 위한 주기적인 관리

저학년의 경우 학습자가 자신의 학습을 관리하는 것은 어렵기 때문에 학습자가 책임을 다하도록 주기적인 관리가 필요하였다. 교수자와 학부모가 관리를 도와야 하는데, 이 경우 교수자나 학부모가 학습을 주도하는 것이 아니라 학습자가 자신의 학습을 책임질 수 있도록 돕는 것이 유익하였다.

2. 방법의 문제 해결하기

1) 학습자 자료 제작

(1) 학습 자료

선수 학습이 없는 점자 기초 학습에서 학습 전·후에 학습자가 어느 정도 점자를 알고 있는지를 파악하였다. 학습이 진행되는 도중에는 학습자들이 점자 학습 자료를 가지고 온점을 써넣도록 도와주었다. 온점의 위치와 자음의 위치, 모음의 위치, 모음·자음의 조합 등을 학습자 스스로 써놓도록 지도하였다.

〈표 2-1-05〉 점자 학습 자료

문 제	온점은 무엇일까요? 직접 써보세요
온 점	( ) · ·( ) ( ) · ·( ) ( ) · ·( )
자음 ㄱ에서 ㅎ까지	ㄱ-( ), ㄴ-( ), ㄷ-( ), ㄹ-( ), ㅁ-( ), ㅂ-( ), ㅅ-( ) ㅇ-( ), ㅈ-( ), ㅊ-( ), ㅋ-( ), ㅍ-( ), ㅌ-( ), ㅎ-( )
모음 ㅏ에서 ㅖ까지	ㅏ-( ), ㅑ-( ), ㅓ-( ), ㅕ-( ), ㅗ-( ), ㅛ-( ), ㅜ-( ) ㅠ-( ), ㅡ-( ), ㅣ-( ), ㅢ-( ), ㅚ-( ), ㅐ-( ), ㅔ-( ) ㅘ-( ), ㅝ-( ), ㅙ-( ), ㅞ-( ), ㅒ-( ), ㅐ-( ), ㅖ-( )
자음 · 모음	ㄱ+ㅏ=( ), ㄴ+ㅏ=( ), ㄷ+ㅏ=( ), ㄹ+ㅏ=( ), ㅁ+ㅏ=( )

(2) 홍보물 제작

학교 통신문, 학습 안내문, 교육 계획안 등의 홍보물은 따로 제작하지 않고 활동란에 게시하여 시간과 장소를 공고하였다. 시간과 장소는 학교와 학습자 사정에 의해 변동될 수 있기 때문에 학기를 시작하기 이전에 개별 지도를 통해 안내하였다.

2) 교수자 자료 제작

(1) 강의 자료

초등 학년에 필요한 점자 능력을 신장하기 위해 온점의 위치와 함께 자음과 모음의 온점을 배우도록 하였다. 또한, 점자의 읽고 쓰는 능력을 키우기 위해 점자 기초 학습을 단계적으로 계획하여 강의 자료를 제작하였다. 저학년의 경우, 학부모가 단계적인 학습 내용을 이해할 필요가 있었다. 이는 교수자와 학습자를 가장 잘 이해하고 도와야 하는 역할이 학부모에게 있기 때문이다. 또한, 가정과 학교에서 학습 내용이 서로 다르지 않아야만 학습자의 점자 기초 학습에 대한 흥미를 촉진시킬 수 있었다.

(2) 안내문

학부모에게 학습자의 학습 진행이나 학습 평가 내용을 안내문으로 제공하지 않았다. 특히, 개별 학습의 경우에는 학부모와의 면담을 통한 직접 대면을 원칙으로 하였으며, 다음 학습에 관한 안내나 시간과 장소의 변경, 외부 전문가의 학습 참관 등이 안내문으로 제공되었다. 이는 교수자가 학습이 종료되는 시기를 정확히 공지하여 학교 밖에서 이루어

<표 2-1-06> 점자 지도 계획안

날짜 / 시간	내 용

2007년 11월 5일
30분~1시간
	• 매일 지도를 원칙으로 하고 연습(온점 노래) 시간은 점자 지도 시간에 포함되지 않는다.
	1. 온점 익히기 - 온점노래(자음 익히기)
	  [1절]
	  ㄱㄱㄱ은 4점 ㄴㄴㄴ은 1, 4점 ㄷㄷㄷ은 2, 4점 ㄹㄹㄹ은 5점
	  ㅁㅁㅁ은 1, 5점 ㅂㅂㅂ은 4, 5점 ㅅㅅㅅ은 6점
	  ㅈㅈㅈ은 4, 6점 ㅊㅊㅊ은 5, 6점 ㅋㅋㅋ은 1, 2, 4점
	  ㅌㅌㅌ은 1, 2, 5점 ㅍㅍㅍ은 1, 4, 5점 ㅎㅎㅎ은 2, 4, 5점
	  우리 모두 재미있는 점자 놀이를 해보자.
	2. ㄱ에서 ㅁ까지 온점을 찍고 반복하여 온점을 익힌다.
	3. 찍은 점자를 뒤집어 온점을 읽어본다.
	4. ㄱ에서 ㅁ까지 온점을 써주고 글자의 형태(묵자)와 온점을 연결하여 반복할 수 있도록 과제를 낸다. 과제는 온점과 묵자를 연결할 수 있도록 하는 내용을 한다.

학습활동사진	
평가	• 교수자가 리듬을 넣어 함께 온점 노래를 부르고 활동의 처음과 끝에 반복하여 부르면 학습자가 쉽게 따라할 수 있다. • 온점을 찍고 점자지를 뒤집어 읽기를 반복하여 온점의 위치를 익힌다.

지는 학습자 프로그램에 문제가 발생하지 않기 위해서이다. 한편, 강의 자료 제작에 필요한 도우미 역할이 필요한 경우에는 안내문을 통해 학부모 자원봉사 지원을 받기도 하였다.

(3) 블로그

학부모의 특성상 학습자의 정보를 공개하는 것은 매우 어려웠다. 고학년의 경우에는 비교적 덜 하였으나, 저학년의 경우에는 학부모의 주변 상황에 대한 반응이 너무 민감하기 때문에 또래 학습자 부모와의 커뮤니케이션이 늦게 진행되는 관계로 필요한 정보를 쉽게 얻지 못하였다. 블로그를 만들어 활용할 경우, 학부모와의 의사소통에는 도움이 될 수 있지만, 학습자의 학습 상황이나 학습자에 대한 학부모와의 상담 내용은 비공개를 원하고 있기 때문에 동료 학부모나 학습자들의 정보공유는 이루어지지 않았다. 따라서 일대일 학습을 지원하기 위한 웹 블로그 대신 전자우편이나 학급 반 카페를 활용하게 되었다.

3. 시기의 문제 해결하기

1) 자료 정리

지금까지 제작된 모든 자료는 단계별로 폴더를 만들어 체계적으로 정리하였다. 특히,

학습자의 학습 상황과 평가, 학부모의 참여 정도 등에 관한 내용도 함께 정리하였으며, 이러한 결과 다음 차시의 학습 계획이나 학습자의 학습 수행에 대한 이해에 큰 도움이 되었다.

2) 평 가

(1) 학습자 평가

학습된 내용을 3단계로 나누어 평가하였으며, 학습자 스스로 자신의 평가를 확인하는 것을 원칙으로 하였다. 학습자는 스스로 자신에게 적합한 단계를 선택한 후, 그 이유를 교사에게 말하면 교사가 내용을 작성하였다.

〈표 2-1-07〉 점자 기초 학습에 관한 학습자 평가의 예

	어렵다	보 통	쉽 다
온점 익히기			
자음+모음 조합하기			
단어 쓰기, 읽기			

(2) 학부모 평가

점자 기초 학습에 관련한 학부모 평가는 평가 내용을 3가지로 정한 후, 4단계 평가로 나누어 실시하였다. 학부모가 단계를 체크한 후, 평가에 대한 내용도 직접 쓰도록 하여 다음 학습 계획의 기초 자료로 사용하였다.

〈표 2-1-08〉 점자 기초 학습에 관한 학부모 평가의 예

	매우 부진(1~2점)	부진(3~4점)	우수(5~7점)	매우 우수(8~10점)
학습자의 점자 향상				
온라인 지원(컴퓨터)				
학습 장소 및 시간				

Ⅲ. 결 론

4주에 걸쳐 이루어진 점자 기초 학습은 단순 시각 아동을 대상으로 점자의 쓰기와 읽기

활동을 통해 초등 학년에서 필요한 점자 기초 능력을 갖도록 돕는 연구였다. 개별 학습 활동으로 이루어진 점자 기초 학습은 학습자와 교수자의 면대면 학습으로 진행되었으며, 온라인을 통해 학습의 과제와 학습 진행 상황 등을 수시로 학부모 및 학습자와 상호작용하는 형태로 진행하였다. 4주에 걸쳐 이루어진 개별 학습 활동 결과, 학습자의 점자 기초 학습은 두 음절의 단어, 이중 모음의 두 음절 단어 등 초등학년에 필요한 점자 능력이 다소 향상되었으나, 온라인을 통한 학습자와 학부모와의 상호작용은 학부모가 온라인 상호작용을 포기했기 때문에 제대로 이루어지지 않았다. 이는 학부모가 시각 장애를 갖고 있었으며, 이로 인해 컴퓨터의 사용이 쉽지 않았기 때문이다. 이러한 상황은 학부모가 교수자와 온라인 상호작용을 포기하도록 하는 데 큰 영향을 미쳤다.

점자 기초 학습은 초등학년을 준비하는 데 있어 매우 중요하지만 학습자가 혼자 익히기에는 너무 어려움이 많았다. 시각장애인의 경우에는 촉각과 인지로 점자를 익혀야 하기 때문에 점자 학습 초기 입문 과정에서 비장애인에 비해 높은 집중력과 반복 학습의 노력이 몇 배 더 요구되었으며, 학부모의 도움이 크게 작용하는 부분이었다. 따라서 학부모가 점자에 대한 학습자의 흥미와 호기심을 자극하고 교사와 학습자 간에 서로 긴밀하게 협력하고 의사소통이 가능하도록 지원되어야 할 것이다.

제2장 초등학교의 사례

☑ ICT를 활용한 프로젝트 기반 학습 설계 및 적용

본 사례는 오프라인 학습 환경에서 초등학교 2학년 학생들을 대상으로 ICT를 활용한 PBL 수업사례이다. 체제적 ICT 학습 방법을 적용한 결과 학생들은 교사는 물론 동료와의 상호 협동을 증진하였으며, 이는 학습목표에 쉽게 도달하는 기회가 되었다. 이처럼 학생들이 주어진 과제를 해결해 나가는 과정에서 자기주도적으로 학습 계획을 세우고 자료를 찾는 과정을 통해 학습자 중심의 수업에 도움이 되었다.

I. 연구의 필요성

이 프로젝트는 초등학교 2학년 슬기로운 생활 2. 가게 놀이 단원 중 '(2) 물건의 이동'에 관한 것이다. ICT 및 PBL을 활용한 학생 활동은 세 가지 영역으로 나누어 실행하였다. 활동에서는 학생 프레젠테이션 제작을 통한 생산된 물건의 유통과정 알아보기이며, 활동 2에서는 학생 발행물 제작을 통한 물건이 생산되는 곳 알아보기, 활동 3에서는 홈페이지 제작을 통해 교수자와 학습자가 웹을 사용하여 학습정보 제공과 함께 학습자와의 상호작용을 지원하는 것이다. 이를 통해 학생들은 우리 생활에 필요한 물건이 무엇이며, 생산되는 곳과 유통 과정뿐 아니라, 필요한 물건을 어디에서 구입해야 합리적인 소비가 되는지를 알 수 있다. 이는 교육 과정에서 제시하는 표준 학습 목표로서, 자신과 주위의 환경을 이해하고 일상생활에서 부딪히는 문제를 여러 가지 방법으로 궁리하며, 스스로 해결하려는 태도를 기른다. 또한, 고차원적 사고로 고유가와 건전하고 합리적인 소비가 강조되는 시점에서 어려서부터 올바른 생산과 소비활동에 관해 다양한 학습 활동을 통하여 체험하고 습득할 수 있다. 특히, 이 활동은 프로젝트를 수행하는 과정에서 학생들이 학습 내용을 팀원들과 상호작용하고 조작과 체험 활동을 통해 생산과 소비 개념을 자연스럽게 습득할 수 있다.

Ⅱ. 연구 내용

체제적 ICT 활용 수업의 미시적 접근 방법을 위해 목적의 문제, 방법의 문제, 시기의 문제로 나누어 진행하였다. 이는 초등학교 슬기로운 생활 2학년 2학기의 2단원 가게놀이 '(2) 물건의 이동' 단원을 "예슬이의 물건사기"라는 프로젝트 주제로 설정한 후, 수업설계 및 적용을 통한 결과와 의의를 알아보는 데 목적이 있다.

1. 목적의 문제 해결하기

1) 소개하기

(1) 인사 나누기

〈표 2-2-01〉 짝꿍 소개하기의 예

짝꿍 이름은?	김00
미래의 꿈은?	선생님
취미는?	만화보기, 피아노치기
제일 좋아하는 분야는?	컴퓨터
제일 좋아하는 과목은?	즐거운 생활
이메일 주소가 있는가?	있다

(2) 주제 선정하기

학습 목표 설정을 위한 핵심부분으로서 핵심 단원, 기본 단원, 심화 단원의 세 요소로 구성하였다.

〈표 2-2-02〉 주제 선정을 위한 세 가지 단원의 예

핵심 단원	기본 단원	심화 단원
• 만 원으로 무엇을 살까요?	• 우리에게 필요한 물건은 무엇인가요? • 물건을 잘 사려면 어떻게 해야 하나요?	• 물건이 생산되는 곳은 어디인가요? • 생산된 물건이 어떻게 우리 손에 들어올까요? • 생활에 필요한 물건은 어디에서 구입하나요? • 품질 표시를 알고 합리적인 소비를 할 수 있나요?

〈표 2-2-03〉 자료 탐색하기(웹 사이트 평가서의 예)

웹 사이트 평가요소
1. 웹 사이트 주소:
2. 웹 사이트 이름:
3. 서비스 대상:
4. 이 웹 사이트의 목적:
5. 이 사이트를 만든 사람이나 단체:
6. 웹 사이트 내의 자료가 얼마나 오래된 것입니까?(최근의 것, 오래전의 것)
7. 정보 제공자와 의사소통이 가능한가?(이메일, 전화번호)
8. 제공된 정보가 주관적이지 않고 객관적인가?
9. 제공된 정보가 학습에 매우 유용하게 사용할 수 있는가?
10. 제공된 자료가 다른 사이트를 성실하게 안내하고 있는가?
11. 이 웹 사이트가 프로젝트에 어떻게 활용될지 적어봅시다.
12. 이 웹 사이트는 프로젝트에 활용하기 좋은 사이트입니까?

2) 계획 세우기

(1) 수업 계획 세우기

〈표 2-2-04〉 수업 계획서의 예

● 효과적인 프로젝트 수업을 실행하는 데 설치되어야 할 기기나 프로그램은 무엇입니까?

• 기기: 빔 프로젝트, 실물화상기
• 프로그램: 윈도우XP, 그림판, 파워포인트, 퍼블리셔2003, 오픈 캡처

● 이러한 기기와 프로그램은 교실에서 쉽게 이용 가능합니까?

• 교실과 컴퓨터실에서 이용 가능
• 기기: 학교 비품을 공동으로 사용 또는 대여
• 프로그램: 윈도우XP에 기본 내장

● 이 프로젝트를 실행하기에 앞서 학생들을 가르치는 데 어떤 기술이 필요합니까?

정보통신기술 기본적 소양 기능
• 기본적 키보드 입력 기능과 파일관리 기능(읽기, 저장, 복사, 이동 등)
• 마이크로 소프트 워드나 파워포인트, 퍼블리셔와 같은 소프트웨어의 기본적인 조작 기능
• 기본적인 인터넷 검색 엔진과 정보검색 기능
• 인용 및 검색된 문서에서의 어려운 낱말에 대한 조사 및 이해 능력

● 프로젝트 계획 최종 기한에 맞추기 위해 학생들을 어떻게 그룹 지우고 컴퓨터 시간을 배정할 것입니까?

- 모둠(그룹)은 6명씩 5모둠으로 앉는 좌석을 기본으로 하고 부진 학생이 편중된 모둠은 개별 배치한다.
- 컴퓨터 시간은 재량시간을 그대로 유지한다. 그룹별로 방과 후에 컴퓨터 사용이 가능한 가정이나 공공시설 컴퓨터를 이용하여 사용하도록 한다.
- 프레젠테이션 기능과 퍼블리셔 기능은 모둠 장(長)들을 교사가 별도로 지도하여 모둠원들에게 전달할 수 있도록 한다.

● 학부모 자원 봉사자나 동료교사의 후원이 필요합니까?

- 학부모들에게 가정통신문 퍼블리셔를 활용해 학생들의 프로젝트 학습에 자료 조사나 인터뷰 등 도움이 필요할 경우 적극 협조를 사전에 부탁한다.

● 이 프로젝트를 시작하기에 앞서 어떤 허가가 필요합니까?

- 프로젝트에 참가하는 학생들과 그들의 작품에 나오는 사람들에 대한 초상권 및 음성에 대한 사용 허가가 필요하다. 사용 허가권에 대한 문서를 만들어 각 모둠별로 작성한 후 제출한다.

(2) 조별 활동 계획 세우기

〈표 2-2-05〉 모둠 구성(역할 나누기)의 예

이름	역할	할일
김○○	모둠장	토론 진행, 조원 통솔
박○○	도우미	자료 수집
김○○	기록	발표 내용 기록
이○○	발표	자료 제작

2. 방법의 문제 해결하기

1) 학습자 자료 제작

〈표 2-2-06〉 파워포인트 스토리 보드의 예

화면 1	화면 내용
제목	
부제목	
사진이나 그림 자료	
화면 2	화면 내용
제목	
부제목	
사진이나 그림 자료	

[그림 2-2-01] 파워포인트를 활용한 발표 자료

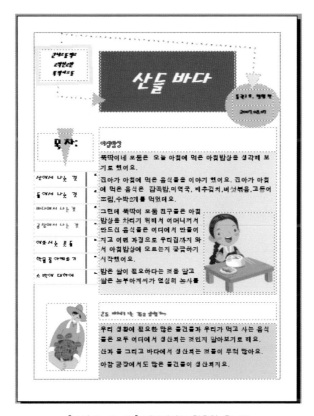

[그림 2-2-02] 퍼블리셔를 활용한 홍보물

2) 교수자 자료 제작

[그림 2-2-03] 파워포인트를 활용한 강의 자료

[그림 2-2-04] 퍼블리셔를 활용한 안내문 자료

[그림 2-2-05] 학교 홈페이지의 학급마당 활용의 예

〈표 2-2-07〉 수업 진행 안내문의 예

---

1. 단원 진행 전 해야 할 일은?

1개월 전: 9월 2일~
• 모둠 구성해놓기: 6명 5개조
• 컴퓨터실 PC 상태 확인: PC가 제대로 동작하는지 여부를 확인

2주 전: 9월 16일~
• 스토리보드 양식 편집 및 인쇄
• 모둠별 프로젝트 주제 설정: 1~6모둠까지 우리생활에 필요한 물건 중 한 가지를 선택하여 주제로 선정, 각기 다른 프로젝트를 수행할 것

1주 전
• 컴퓨터실에 스캐너 비치하기
• 컴퓨터실 PC 상태 점검: 오류 및 고장 확인
• 교수 지원 자료 마무리하기: 프로젝트 도입 시에 보여줄 PPT 자료
• 학습 지원 자료 마무리하기: 물건의 생산지, 가게 간판 그리기, 우리 생활에 필요한 물건 등 모둠 학습 활동지 홈페이지에 탑재

하루 전
• 컴퓨터실 정리 정돈

---

2. 단원 진행 중 해야 할 일은?

[1차시]
- 교수 지원 자료 프레젠테이션을 이용한 수업
- 프로젝트 학습 소개
- 프로젝트를 수행하기에 앞서 아이들의 흥미와 의욕을 고취시키기 위해 프로젝트의 개괄적인 내용 안내
- 아동들이 만들 프레젠테이션 및 보고서 샘플 안내
- 물건을 사본 경험 이야기 및 물건 사는 방법에 대한 이야기
- 프로젝트를 수행하기 위한 활동과 자료를 제시
- 프로젝트 학습 맛보기(학생 산출물 보기)
- 공부할 내용 설명: 물건의 생산과 유통과정, 올바른 방법으로 물건 사기
- 사용할 기기 및 프로그램 살펴보기
- 구성된 모둠 발표: 모둠 이름 짓기
- 모둠별 역할 정하기: 결과를 홈페이지에 등록

[2차시]
- 파워포인트를 이용한 프레젠테이션과 발행물 제작을 위한 퍼블리셔 기능 익히기
- 모둠별로 자리를 배치
- 제작에 사용할 자료 가져오기(그림 및 사진자료, 프로젝트 학습 활동지)
- 프로젝트 제목, 모둠 이름 넣기
- 프레젠테이션 제작에 필요한 기본적인 조작 기능 익히기
- 발행물 발간을 위한 퍼블리셔 기본 조작 기능 익히기

[3차시]
- 모둠 역할 중 내가 해야 할 일을 계획하기
- 에듀랑에 커뮤니티 신청 후 프로젝트 커뮤니티로 전환(모둠별 게시판 권한 생성)
- 모둠별 운영할 홈페이지, 카페, 블로그 등을 홈페이지에 글쓰기로 등록
- 모둠 주제에 맞는 자료 모으기
- 각자의 역할에 따른 기능 및 기술 익히기

[4차시]
- 파워포인트를 이용한 프레젠테이션 자료 제작하기
- 모둠별로 자리를 배치
- 제작에 사용할 자료 모아서 모둠별 내용 종합하기
- 물건의 생산과 유통과정을 프레젠테이션 내용 넣기
- 프레젠테이션 제작

[5차시]
- 퍼블리셔 기능을 이용한 발행물 자료 제작하기
- 퍼블리셔에 들어갈 내용 정하기
- 퍼블리셔에서 사진 및 그림 모으기
- 물건의 생산지와 생산과 유통과정에서 애쓰시는 분들에 대한 고마움을 내용으로 퍼블리셔 제작하기

3. 단원 진행 후 해야 할 일은?

- 모둠별 발표하기
- 장소: 컴퓨터실
- 시간: 5분
- 전체 발표 후 잘한 모둠에 스티커 붙여 평가해 주기
- 결과 발표하기
- 모둠별 격려와 본질적 질문 확인 상장 수여

3. 시기의 문제 해결하기

1) 자료 정리하기

폴더를 만들어 포트폴리오 형태로 제작한다.

[그림 2-2-06] 자료 정리 폴더의 예

2) 발표 및 평가하기

⟨표 2-2-08⟩ 학습 자료 제작(파워포인트)에 관한 평가의 예

모둠 이름:

평가 항목	모둠 점수	아주 좋음 5	좋음 4	보통 3	노력 요함 2	미완성 1	계
학습내용 측면(15)	1. 물건의 생산지가 내용과 관련하여 잘 드러나 있는가?						
	2. 물건의 운반자와 소비자가 내용과 관련하여 잘 드러나 있는가?						
	3. 물건의 생산과 유통과정이 잘 드러나는가?						
정확성(5)	4. 철자와 문법상의 오류가 없는가?						
디자인과 레이아웃 (15)	5. 슬라이드 순서가 논리적이며, 텍스트가 읽기 쉬운가?						
	6. 프레젠테이션의 효과가 산만하지 않고 발표를 효과적으로 지원하는가?						
	7. 슬라이드 수는 6장 이상 10장 이내이며, 꼭 필요한 멀티미디어 자료가 뒷받침되는가?						
협동과 참여(5)	8. 프로젝트를 진행했던 과정이 잘 나타나고 모둠원이 협동하여 각자의 역할을 훌륭하게 수행하는가?						총계

〈표 2-2-09〉 학습 자료 제작(퍼블리셔)에 관한 평가의 예

모둠 이름:

내용 측면(15점)	
	물건의 생산지를 알 수 있는가?
	생산지에 따라 생산된 물건을 3가지 이상 알 수 있는가?
	물건을 생산하기 위해 애쓰시는 분들을 알 수 있는가?
	내용에 대한 합산 점수:

정확성 측면(5점)	
	단어 표기가 정확하고 정보가 유용하며 현대 시대에 맞는가?

설계(Layout Design) 측면(15점)	
	뉴스레터가 읽기 쉽도록 구성되어 있는가?
	전체 뉴스레터 공간이 적절하고 효과적으로 사용되고 있는가?
	그래프 또는 삽화가 뉴스레터 내용과 관련 있는가?
	설계에 대한 합산 점수:

협동과 참여 측면(5점)	
	다른 사람의 의견을 존중하며 자신이 속한 다른 구성원들과 의사소통 및 공동 작업을 잘하였는가?

- 평가기준: 아주 잘함(5), 잘함(4), 보통(3), 노력을 요함(2), 전혀 노력을 안 함(1)
- 의견:

Ⅲ. 결 론

ICT 활용 수업을 통하여 학생의 컴퓨터 활용 능력과 자기 주도적 학습 능력을 키우고 단순한 지식이나 이해의 학습에서 탈피하여 좀 더 고차원적인 사고 방향으로 나갈 수 있다. 학생들은 프로젝트 기반 학습에 있어서 ICT를 활용함으로써 서로 정보를 수집하고 활용하였으며, 다른 사람과 공유하는 능력이 향상되었다. 또한, 단편적인 컴퓨터 기능을 익히는 것에 머물지 않고 이를 이용하여 각종 발표물(파워포인트 자료, 퍼블리셔 발행물)을 제작함으로써 구체적인 깨달음과 함께 각종 예시 자료를 습득하게 되었다. 또한, 교사에게는 교육철학, 교육방법, 교육관의 변화를 유도하는 작은 시작이었다고 생각된다. 아울러 ICT를 어떻게 교육에 효과적으로 접목시킬 것인가에 대한 기본적인 생각에서 출발한 것이 좋았으며, 학생과 교사 간에 컴퓨터라는 매개체를 통해 효과적으로 수업을 진행하는 데 초점을 두었다.

지금까지 교사 혼자서 컴퓨터를 사용하여 수업을 해왔다면, 이번 연구는 교사와 학생이 상호 협동하여 수업을 진행하고 학습목표에 도달하게 하는 방법을 전달하는 계기가 되었다. 즉, 교사가 한 주제에 대해 사전 계획을 세우고 자료를 만들어 제시한 후, 학생들이 이에 맞추어 주어진 과제를 해결해 나가는 과정에서 자기주도적으로 계획을 세우고 자료를 찾고 학습목표에 도달할 수 있도록 하는 과정을 배우는 기회가 되었다.

제3장 중학교의 사례

☑ 생활용품 속의 과학 원리

> 본 사례는 오프라인 학습 환경에서 중학교 학생들을 대상으로 이론적 지식과 배경을 바탕으로 실제 사용되고 있는 생활용품속의 과학적 원리를 찾아내 과학 교과에 대한 학생들의 흥미와 친밀감을 높이는 수업 모형과 학습 자료를 개발하려는데 목적이 있다.

Ⅰ. 연구의 필요성

21세기는 과학과 기술 그리고 정보와 관련된 지식의 힘이 세계를 지배하고 한 나라의 복지 국가로서의 생존 여부도 그에 달려 있다. 과학은 기술과 정보 분야의 기초가 되며, 올바른 과학 교육은 창의성과 합리성을 함양하는 수단이 되기 때문에 그 중요성은 매우 크다.

교사는 학생들의 자연에 대한 강한 호기심을 자극하여 관찰하고 분류하며, 추리 및 검증을 통해 가설을 수정하게 하는 등 연속적인 탐구 경험의 기회를 제공해 주어야 한다. 그러나 이런 경험이 제공되어야 할 학교의 과학 교과 수업은 몇 가지가 개선되어야 한다. 첫째, 과학 교과의 수업은 학생들이 주체적이고 능동적으로 참여할 수 있는 체험 위주가 되어야 한다. 그 이유는 60% 이상의 학생들이 학원에서 과학을 선수 학습하고 있는 현실에서 수업을 이론 위주로 진행하면 학생들이 지루하게 생각하고 집중하여 듣지 않으며, 그 결과 학원 수업의 비교 우위를 인증해 주는 결과가 되어 스스로 교사의 권위를 실추시킬 수 있기 때문이다. 둘째, 과학실 실험 기구의 개선이다. 현재 학교에서 사용하고 있는 실험 기구는 인위적으로 실험을 위해서 만들어진 후 실험실에서만 보존하고 있다. 따라서 대부분의 학생들이 실험 기구를 다루기 어려워하며, 나아가 '과학을 하는 사람'을 위한 특별한 기구라는 생각을 갖게 되어 실험 기구 자체에 거부감을 갖고 있는 학생들이 대다수이다. 이는 학생들이 이론으로 배우고 실험실에서 직접 확인 실험을 마친 후에도 이 원리가 실생활에 어떻게 쓰이고 있는지를 모른 채 과학이 현실과는 동떨어진 학문이라고 생각하는 경향이 있다. 이러한 문제점을 해결하기 위해 실험실에 진열되어 있는 실험 기구를 학생들이 평소에 사용하는 친숙한 생활용품으로 대체함으로써 교과와 연관된 과학적 원리를 발견하도록 지원하여야 한다.

본 연구는 학생들이 수업시간에 배운 이론을 바탕으로 생활용품을 만들어본 후, 실제 사용되고 있는 생활용품 속의 과학적 원리를 찾아내어 과학이 우리의 생활과 매우 친숙한 학문임을 인식하도록 하여 과학 교과에 대한 학생들의 흥미와 친밀감을 높이는 수업 모형과 학습 자료를 개발하는 데 그 목적이 있다.

II. 연구 내용

1. 목적의 문제 해결하기

1) 주제 선정하기

〈표 2-3-01〉 주제 선정하기의 예

단 원	차 시	주 제	내 용
전기	2-3/15	손으로 형광등 켜기	• 마찰전기, 정전기 유도 • 페트병과 알루미늄포일을 이용하여 라이덴병을 만들고 털가죽과 에보나이트 막대를 이용하여 마찰 전기를 발생시킨다. 발생한 정전기를 저장하여 방전 현상을 관찰하고 형광등을 켜본다.
	7-8/15	인간전지 만들기	• 전압의 개념 이해 • 한 손에는 알루미늄포일, 다른 손에는 철제 주방 기구를 잡고 두 손 사이에 걸리는 전압을 측정한다. • 검류계를 이용하여 흐르는 전류를 측정한다.
	9-10/15	에디슨 전구의 비밀	• 전압과 전류와의 관계(옴의 법칙) • 도체와 부도체 • 세 가지 굵기의 샤프심을 준비하고 샤프심의 양단에 전압을 걸어 빛을 내게 한다. 굵기에 따른 저항의 크기를 생각하게 한다.

| 전기 | 13−15 / 15 | 이어폰 만들기 | • 심화과정
• 7학년 과정에서 학습한 파동부분에서 소리의 전달과정, 세기, 높낮이를 복습한다.
• 9학년에서 학습할 전자기 유도 부분을 선수 학습하되 개념을 다루지는 않는다.
• 빨대와 자석 스카치테이프를 이용하여 실생활에 사용하는 이어폰을 만들어보고 이어폰에서 소리가 재생되는 과정에 대해 학습한다. |

2) 수업 계획 세우기

〈표 2-3-02〉 수업 계획 세우기의 예

순 번	항 목	내 용
1	필요한 기기	컴퓨터, 빔 프로젝트, 방송시설 동영상 촬영에 필요한 디지털 카메라
2	준비물	실험 보고서에 명시된 실험 기구
3	필요한 프로그램	파워포인트
4	수업 장소	과학실
5	수업 보조	조교
6	수업 형태	모둠별 탐구 실험

3) 조별 활동 계획하기

〈표 2-3-03〉 조별 활동 계획의 예

학급당 모둠 수	총 12개 모둠
모둠 당 인원수	3명
조 편성 방법	출석 번호 순
조원의 역할	조장: 실험기구 운반, 실험 보고서 수합 제출 조원1: 실험 데이터 정리 조원2: 실험 결과 분석 및 발표

• 모둠 인원을 최소한으로 하여 모든 학생이 자기 역할을 맡도록 한다.
• 평가는 모둠별 평가와 개인별 평가를 병행한다.

2. 방법의 문제 해결하기

1) 교수자 자료 제작하기

(1) 생활용품을 이용한 수업 모형 개발 교수·학습 지도안

① 단원의 개관
대단원 명: 전기

② 단원 목표
- 마찰전기를 발생시켜 전기의 성질을 이해하고 검전기를 이용하여 정전기 유도현상을 설명할 수 있다.
- 전류의 방향과 전자의 이동 방향을 알고 전류의 세기를 측정하여 전류가 흐를 때 전하가 보존됨을 설명할 수 있다.
- 전압과 전류의 관계를 밝히고 이를 저항의 직렬과 병렬 연결에 적용할 수 있다.

③ 내용의 연계성
초등학교 4학년 '전구에 불 켜기', 5학년 '전기회로 꾸미기' 단원에서는 전지의 연결, 전류가 흐르는 물체와 흐르지 않는 물체 분류하기, 전지와 전구의 연결 등의 내용을 학습하였다. 이러한 선행 학습을 바탕으로 본 단원에서는 마찰 전기의 발생과 성질, 정전기 유도현상, 전류의 방향과 세기, 전하의 보존, 전압과 전류와의 관계, 저항의 연결 등에 대해 학습한다. 또한, 중학교 3학년 과정에서는 전류의 작용 단원에서 전류의 열작용, 전기 에너지, 전자기 유도 현상을 배우며, 고등학교에서는 '에너지' 단원에서 전류의 작용, 전기 에너지의 이용, 전자기 유도현상 등에 대해서 배울 것이다.

④ 지도상의 유의점
- 정전기 실험은 주변 환경에 민감하므로 예비 실험을 통해 혼란이 없도록 해야 한다.
- 도선에서 전류는 전자들의 이동으로 이루어지지만 양전하의 이동으로 설명해도 틀리지 않음을 이해시킨다. 또한, 도선에서 전자들의 이동은 눈에 보이지 않으므로 물의

이동에 비유하여 설명한다.

- 전류는 직류에 대해서만 학습하고 가급적 교류에 대해서는 자세한 설명은 하지 않는다.
- 전구에서 소비되는 것은 전자들이 아니라 전자들이 가지고 있는 에너지임을 강조한다.

(2) 본시 수업지도 계획서

① 본시 수업의 흐름도

도 입
1. 선수 학습 확인 −소리의 전달 과정 −자석 사이에 작용하는 힘 2. 학습 목표 제시 −전기를 이용한 생활용품 만들기

⇒

전 개
1. 탐색 및 문제 파악 −본시 학습 내용 파악 2. 자료 제시 및 관찰 탐색 −이어폰 만들기 실험

전 개
3. 규칙성 발견 및 개념 정리 −실험 결과 발표 4. 생활용품 속의 과학 −이어폰 분해하기

⇒

정 리
1. 질문하기 2. 심화 학습지 안내하기

② 본시 교수 · 학습 과정 안(수업 실행 계획 수립을 위한 수업설계서)

생활용품을 이용한 탐구 실험 모형						
교과명	과 학		학년 학기	2학년 2학기	차시	14 / 15
주 제	이어폰 만들기 (7. 전기 심화과정)			수업 형태	조별 탐구 실험 수업	
학습 목표	• 전자기 유도를 이용한 생활용품을 만들어보고 생활용품 속의 과학 원리를 발견한다.					
준비물	교사	탐구 실험 보고서, 실험 자료, 펜치, 이어폰, 노트북, 스피커, 음악 파일				

학습단계	학습 과정	교수−학습 활동		유의점	시간
		교 사	학 생		
도입	선수 학습 확인	• 선수 학습을 확인한다. • 1학년 12단원 파동부분의 학습내용을 상기시킨다. • 인터넷 동영상 자료를 보여준다. (http://www.science.or.kr) • 공기 압력의 발생	• 화면을 보면서 선수 학습을 복습한다. • 공기의 앞 · 뒤 방향의 수축 팽창이 파동의 형태로 전달된다. • 공기의 압력이 고막에 전달되고 고막의 진동을 청소골이 증폭시켜 시신경에 전달한다.	선수 학습 내용을 길게 다루지 않는다.	5′

학습 단계	학습 과정	교수 – 학습 활동		유의점	시간
		교 사	학 생		
도입		 3 –소리의 발생 –소리의 전달 과정 4 –전류가 흐르는 코일은 전자석이 됨을 상기시킨다. 5	• 전류가 흐르는 솔레노이드는 막대자석과 같음을 인식한다.	선수 학습 내용 을 길게 다루지 않는다.	5´
전개	학습목표 제시	• 본시 학습 목표를 설명한다. 6 –전류가 흐르는 코일과 자석을 이용하 여 이어폰 만들기	• 학습 목표를 듣는다.		

학습 단계	학습 과정	교수 - 학습 활동		유의점	시간
		교 사	학 생		
전개	자료 제시 및 관찰 탐색	• **이어폰 만들기 실험하기** - 실험 준비물을 확인시킨다. ☆　　　　　　　　7 - 동영상 자료를 보여주면서 실험 과정 을 설명한다. - 탐구실험 보고서를 보면서 실험 시 유의사항을 설명한다. - 조별로 실험 설계를 하게 한다. - 순회하면서 지도한다. - 만든 이어폰으로 컴퓨터의 스피커 잭 에 연결하여 음악을 듣게 한다. ☆　　　　　　　　9 - 가지고 있는 MP3에 연결하여 듣게 한다. - 탐구 실험 보고서의 토의 부분을 작성 하게 한다.	• 준비물을 확인한다. • 실험 과정에 대한 동영상을 본다. • 유의 사항을 듣는다. • 조별로 실험 과정을 협의하고 역할을 분담한다. • 각자 만든 이어폰으로 음악을 듣는다. • 탐구실험을 보고서를 작성한다.	준비된 노트북에 는 음악파일을 반 복 재생시켜 준 비해둔다.	25'

학습 단계	학습 과정	교수-학습 활동		유의점	시간
		교 사	학 생		
전개	규칙성 발견 및 개념 정리	• **실험 결과 발표** • PPT 화면을 보면서 탐구 실험 보고서 의 토의 부분을 발표하게 한다. －우리가 만든 이어폰에서 소리를 발생 시키는 떨림판 역할을 하는 것은 무 엇인가? －떨림판을 진동시키는 역할을 하는 것은? **10** －이어폰에서 소리의 재생 과정을 설명 해 보자 **11** －소리를 더 크게 재생시키려면 어떻게 해야 할까? **12**	• **조별로 발표한다.** • 니오디뮴 자석이 붙어 있는 풍선 • 스피커에 흐르는 전류와 자석 사이에 작용하는 자기력(인력 과 척력) • 이어폰 잭을 통해 코일에 전 류가 흐름→코일이 자석이 됨→니오디뮴 자석과 인력 척력이 작용→풍선이 붙어있 는 자석을 진동시킴→풍선 주변의 공기 진동→공기의 진동이 귀의 고막에 전달 • 코일의 감은 횟수를 늘인다. 더 센 자석을 사용한다.	PPT화면을 보여주면서 설명	7′

학습 단계	학습 과정	교수 - 학습 활동		유의점	시간
		교　사	학　생		
전개	생활용품 속의 과학	• 이어폰 분해하기 -동영상으로 이어폰 분해하는 과정을 보여준다. -이어폰을 준비하여 펜치로 분해하게 한다. -분해된 이어폰에서 자석과 코일 떨림 판을 찾아보도록 한다. 	• 선생님의 설명을 듣고 이어폰 을 분해한다. • 분해된 이어폰 속에서 코일과 자석을 찾아본다.		3´
정리	질문	• 질문하기 • 학습한 내용에 관한 질문을 받는다. -예상되는 질문에 대한 답변을 준비한다. -코일에 흐르는 전류의 방향이 많이 바뀌어서 투명 테이프의 진동 횟수가 크면 높은 소리가 나고 진동 횟수가 적으면 낮은 소리가 난다.	• 학습한 내용에 대한 질문을 한다. -이어폰에서 소리의 높낮이는 어떻게 재생되나요?	예상되는 질문에 대한 답변 자료 를 미리 준비한다.	4´

128　블렌디드 수업설계 전략

학습단계	학습과정	교수-학습 활동		유의점	시간
		교 사	학 생		
정리	질문	낮은 소리　　높은 소리 100회/s　　200회/s −코일에 전류가 많이 흘러서 인력과 척력이 강하여 투명 테이프를 앞뒤로 많이 움직이면 큰 소리가 난다. 선정류　　자석 −코일에 전류가 약하게 흐르면 자석과 코일 사이에 작용하는 인력 척력이 약하여 투명 테이프가 앞뒤로 조금 움직여 작은 소리가 난다. 약한전류　　자석 −악기마다 소리의 색깔이 다르고 사람마다 같은 말을 해도 다르게 느껴지는 것은 파형이 다르기 때문이다. (여자의 아 소리)　　(남자의 아 소리)	−만든 이어폰에서 소리의 세기는 어떻게 재생되나요? −사람마다 소리가 다르게 느껴지는 이유는?	예상되는 질문에 대한 답변 자료를 미리 준비한다.	4´
	심화 학습지 안내	• 이어폰과 스피커에 대한 심화 학습지를 안내한다.	• 심화 학습지를 읽는다.		1´

③ 본시 수업에 사용될 PPT 자료

④ 탐구 실험 보고서

일시	20 년 월 일 교시		
실험 주제	• 이어폰 만들기	소속: 3학년 반 번 조	
		이름:	
실험 목표	• 전자기 유도를 이용한 생활용품을 만들어보고 생활용품 속의 과학 원리를 발견한다		

준비물	기 구
	 구리도선, 니오디뮴 자석 1개(지름 5㎜, 두께 1㎜), 페트병, 풍선, 이어폰 잭, 사포, 에나멜 코팅 구리선, 컴퓨터, 컴퓨터용 스피커, 펜치, 가위, 투명 테이프

| 실험 과정 및 결과 | ☆ 실험 시 유의 사항 ☆
1. 페트병을 칼로 자를 때 손이 베이지 않도록 주의한다.
2. 이어폰 잭에 구리선을 연결할 때 피복이 벗겨진 부분이 서로 닿으면 합선이 되어 소리가 들리지 않기 때문에 주의하도록 한다.

1. 페트병에 풍선을 끼운다.
2. 에나멜 구리선을 1m 정도 잘라서 끝부분의 에나멜을 사포로 문질러 벗겨낸다(에나멜선의 양끝 5㎝ 정도를 사포로 10회 이상 문지른다).
3. 구리 도선의 양 끝을 15㎝ 정도 남기고 페트병의 주둥이 부분에 10회 이상 반복하여 감는다.
4. 구리 도선이 풀리지 않도록 양쪽 끝을 한 번 묶는다.
5. 이어폰 잭의 고무 부분을 분리한 다음 구리선에 먼저 끼우고, 그 끝을 이어폰의 양쪽 구멍에 연결한다.
6. 주둥이의 풍선 가운데 니오디뮴 자석을 넣어서 고정시킨다.
7. 컴퓨터나 라디오의 이어폰 잭에 꽂고 소리를 들어본다.
8. 소리를 들어본다.

이어폰 만드는 과정 동영상   완성된 모양 |

기 구
 생활 용품 속의 과학 원리 찾기

생활 용품 속의 과학 원리 찾기	1. 동영상을 보고 준비된 이어폰을 펜치를 이용하여 분해한다.  2. 분해된 이어폰에서 자석과 코일 떨림판을 찾아본다. 
토의	1. 우리가 만든 이어폰에서 공기를 진동시키는 떨림판 역할을 하는 것은? ( ) 2. 떨림판을 진동시키는 역할을 하는 것은? ( ) 3. 우리가 만든 이어폰이 소리를 재생시키는 과정을 설명해 보자. 이어폰 잭을 통해 코일에 ( )가 흐름⇒코일이 ( )이 됨⇒니오디뮴 자석과 인력 척력이 작용⇒ ( )를 진동시킴⇒공기의 진동이 고막에 전달됨 4. 소리를 더 크게 재생시키려면 어떻게 해야 할까? ( )
숨은 원리	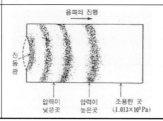 전기 신호를 소리 신호로 변환하는 변환기가 바로 이어폰(스피커)이다. 이어폰(스피커)은 진동판이 앞뒤로 미세하게 움직이면서 소리를 만들어준다. 영구 자석 내부의 코일에 전류를 흘려보내면, 전류의 방향에 따라 코일을 밀었다 당겼다 한다. 이 코일 끝에 공기를 밀고 당기게 할 수 있도록 진동판을 붙이면 소리가 나게 되는데 이것이 이어폰의 기본 원리다.

2) 학습자 자료 제작하기

(1) 이어폰과 스피커

우리가 일상생활을 영위하고 있는 지구상에는 공기압이 존재한다. 음 또는 음파란 음원에서 발생한 진동이 공기압의 주기적인 변화를 일으켜서 조밀파의 형태로 전파되는 현상을 말한다. 스피커의 진동판이 앞으로 움직이면 스피커 가까이에 있는 공기는 압축되고 뒤로 움직이면 팽창된다. 이와 같이 공기의 탄성적인 성질에 의해서 발생하는 매질의 상태 변화가 교류적인 물결로 주위에 전달된다고 해서 음파를 탄성파라고도 부른다.

오른쪽 그림과 같이 공기 압력이 변화하면 음파가 형성된다. 따라서 공기가 전혀 없는 진공 상태에서는 음파가 존재할 수 없다.

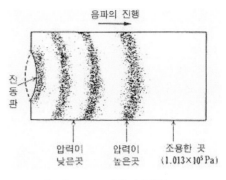

[그림 2-3-01] 음파의 형성

소리를 증폭시키려면 반드시 소리를 전기로 변환하여 증폭한 다음 다시 소리로 변환하는 장치를 사용해야 한다. 하지만 그 많은 변환기기 중의 마이크와 이어폰(스피커)은 진동판의 크기를 제외하고는 서로 거의 같은 구조와 같은 원리로 되어 있다.

전기 신호를 소리 신호로 변환하는 변환기가 바로 이어폰(스피커)이고, 반대로 공기의 진동으로 전달되어 온 소리 신호를 전기 신호로 변환하는 변환기(transducer)가 마이크이다. 이어폰(스피커)은 진동판이 앞뒤로 미세하게 움직이면서 소리를 만들어준다. 영구 자석 내부의 코일에 전류를 흘려보내면, 전류의 방향에 따라 코일을 밀었다 당겼다 한다. 이 코일 끝에 공기를 밀고 당기게 할 수 있도록 진동판을 붙이면 소리가 나게 되는데, 이것이 이어폰의 기본 원리다. 이러한 동작은 신호의 주파수에 따라 높은 소리와 낮은 소리로 결정되며, 소리의 크기는 진동판의 이동 거리 등에 의하여 결정된다.

① 이어폰과 다이내믹 마이크의 원리

이어폰의 코일에 전류가 흐르면 주위에 자기장이 형성되고 자석에 의한 자기장과의 상호작용에 의하여 자석이 위아래로 힘(전자기력)을 받아 움직이게 된다. 이로 인해 공기가 진동하게 되어 소리가 들리게 된다. 다이내믹 마이크는 공기의 진동으로 자석이 붙어 있는 진동판이 떨리게 되면 자기장이 변화되어 코일에 전류가 흐르게 된다. 이러한 전자기 유도현상(자석과 코일 중 어느 하나가 나머지에 대하여 상대적으로 움직이면 코일에 전류가 유도되는 현상)을 이용하여 소리 신호가 전기 신호로 바뀌게 된다.

② 이어폰과 다이내믹 마이크의 공통점과 차이점

- 공통점: 코일, 자석, 진동판으로 구성되어 있다.
- 차이점: 이어폰은 전자기력을 이용하여 전기 신호를 소리 신호로 바꾼다.
  마이크는 전자기 유도 현상을 이용하여 소리 신호를 전기 신호로 바꾼다.

(2) 전자기 유도와 페러데이의 법칙

① 외르스테드

옛날부터 천둥 번개가 있으면 나침반의 바늘이 흔들린다든가 칼이나 포크가 자성을 띤다든가 하는 일로부터 사람들은 전기와 자기 사이에 어떤 종류의 상호작용이 있다는 것을 추측하고 있었다. 그러나 사람들은 전기의 양극과 자석의 양극 간에 유사성이 있다고 믿고 전지의 극과 자석의 극에만 집중하고 있었기 때문에, 오랫동안 전기와 자기의 관계를 이해하지 못했다. 독일의 자연 철학자들은 전기와 자기에 대해 지금까지와는 다른 생각을 가지고 있었다. 그들은 중심적인 관심은 극성 현상이었다. 그들은 극성 현상을 혼돈에서 질서를 가져오게 하는 양극이나 대립되는 힘 사이의 변증법적 대립을 보여주는 것이라 생각했다.

그들에 의하면 자연계에는 하나의 힘이 존재하였다. 빛뿐만 아니라 전기, 자기, 열 등은 본래 하나의 힘으로서, 이 하나의 힘이 형태를 바꾸어 표현된 것일 뿐 본래의 자연 현상은 상호작용하고 있다고 생각했다. 이러한 자연 철학자들의 영향 때문에 외르스테드는 1820년 전기 작용과 자기작용이 아닌 전류의 자기작용을 발견하게 되었다. 외르스테드는 1777년 8월 14일 덴마크 랑겔 섬의 소도시인 루더튜 방에서 태어났다. 그는 1804년 코펜하겐 대학의 물리학 교수가 되었는데, 전류의 자기작용은 그가 물리학 교수로서 대학에서 실험 강의를 할 때 발견하였다. 그 실험 강의에서 외르스테드는 정전기와 갈바니즘 및 자기에 관해서 강의하며, 볼타 전지의 양극을 긴 철사로 연결한 것을 사용하고 있었다. 그는 강의하며 무심히 "자! 그러면 전지가 작용하고 있는 곳에 철사를 자침에 평행으로 놓아보기로 하자"라고 하며 철사를 자침에 평행으로 그 위에 걸쳐놓고 전류의 스위치를 넣었다. 그러자 자침이 휙 돌더니 철사와 직각의 방향을 향하는 놀라운 현상이 일어났다. 강의에 참석했던 사람들의 증언에 의하면, 외르스테드 자신도 실험 도중에 일어난 이 현상을 보고 전혀 예상하지 못했던 것처럼 당황했다고 증언했다. 외르스테드는 이 뜻밖의 현상은 좀 더 연구할 가치가 있다고 생각하여 친구와 더불어 실험을 시작하였다. 그는 실험을 되풀이하고 실험의 내용을 보충했다. 이와 같은 사실로부터 외르스테드는 전류가 흐르고 있는 철사는 자침의 극을 회전시켜주고 반대로 자석은 전류가 흐르는 정지한 철사를 회전시키려 한다는 것을 증명했다. 외르스테드가 도선에 흐르는 전류에 의해 자기장이 만들어지는 것을 발견한 것은 오늘날 전자기학이 탄생하게 되는 시발점을 마련해 주었다. 동일한 전류의 자기작용을 관찰하고도 로마그노시는 지나쳐 버린 데 비해, 외르스테드는 그 사실을 지나치지 않고 자세히 연구하여 전기와 자기와의 관계를 발견하게 된 원인은 어디에 있을까? 아마도 이는 두 사람의 목적과 마음의 준비가 달랐기 때문이라고 생각된다.

② 페러데이

코일의 양끝에 검류계를 연결하고 자석을 코일에 가까이 했다 멀리 했다 하면 검류계의 바늘이 흔들린다. 즉, 전기가 흐르고 있는 것이다. 전류의 크기는 자석을 움직이는 속도가 빠를수록 크고 전류의 방향은 가까이 할 때와 멀리 할 때 반대가 되며, 또 N극과 S극에서도 반대가 된다. 이처럼 자계의 변화에 의해 도체에 기전력이 발생하는 현상을 전자유도라고 하며, 이 기전력을 유도 기전력, 흐르는 전류를 유도 전류라고 한다. 유도 기전력의 크기에 관해 페러데이는 '유도 기전력은 코일을 관통하는 자력선이 변화하는 속도에 비례한다'는 사실을 알아냈다. 이것을 페러데이의 전자기유도의 법칙이라고 하는데 이 법칙이 근거가 되어 발전기나 변압기도 발명할 수 있었던 것이다.

마이클 페러데이는 19세기 최대의 실험물리 학자로 "전자기학의 아버지"라고 불리는 영국의 물리학자이면서 화학자이다.

패러데이는 진공 방전을 연구하였고, 반자성 물질을 발견하였으며, 맥스웰 이론과 상대성 이론, 양자론과 같은 근대 물리학을 탄생시키는 데 많은 영향을 주었다. 그의 저서로는 "전기의 실험적 연구", "화학 및 물리학의 실험적 연구" 등이 있다. 자연 법칙의 유연성을 정열적으로 신봉하던 패러데이는 전류가 자기장을 만드는 외르스테드의 발견이 전기와 자기 사이의 관계에서 단지 반쪽에 불과하다고 확신하고, 전기가 자기를 만든다면 자석도 어떤 방법으로든지 전기장을 만들 것이라고 생각했다.

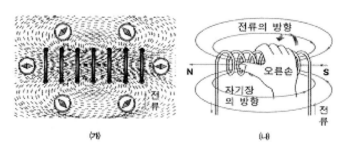

[그림 2-3-02] 코일 주위의 자기장

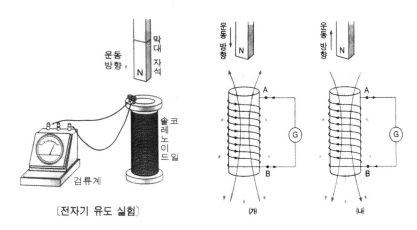

[그림 2-3-03] 페러데이의 전자기유도의 법칙

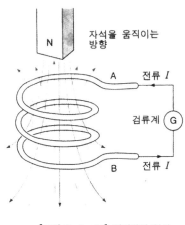

[그림 2-3-04] 전기장의 형성

그는 우연이었는지는 모르지만 회로 옆의 자석이 정지하여 있으면 아무런 일도 일어나지 않지만, 자석을 아주 조금이라도 움직여주면 그 회로에 전류가 생김을 발견하였다. 만일, 회로의 자석이 같이 움직인다면 아무런 변화도 일어나지 않지만, 회로가 고정되어 있고 자석이 움직이든지 자석이 고정되어 있고 회로가 움직인다면 그 회로를 통하여 전류가 흐르게 되고, 이것은 회로와 자석 사이의 상대 운동만이 영향을 미침을 시사한다. 또한, 상대 운동의 방향이 바뀌면 흐르는 전류의 방향이 뒤바뀜도 알 수 있다.

3) 전자기 유도 현상 이용 사례 찾기

(1) 빌리지 않은 책을 가지고 도서관의 입구를 통과할 때 울리는 경고음

도난방지장치는 전자기 유도 현상을 이용한 것으로서 책에 붙은 자기 테이프를 들고 지나갈 때 벨이 울린다. 출입문에 코일이 감겨 있고 그 코일 속을 책을 들고 지나가면 자기장이 변하여 코일에 전류가 유도되기 때문이다.

(2) 킥보드를 더 빨리 돌리면 불의 밝기는 어떻게 될까? 그 이유는 무엇인가?

불의 밝기는 더 밝아진다. 킥보드를 더 빨리 돌리면 영구 자석의 자기장을 지나는 코일 철심에 자기장의 변화가 빨라져서 더 큰 유도 전류가 만들어지므로 불의 밝기가 밝아지는 것이다.

(3) 자전거의 전조등

자전거의 전조등이 켜지는 원리는 손 발전기를 돌려 전구에 불이 켜지도록 하는 과정과 매우 흡사하다. 즉, 손으로 발전기를 돌리는 작용이 자전거에서는 발로 페달을 밟는 작용에 해당한다. 사람이 페달을 밟아 바퀴를 돌리면 그 바퀴에 붙어 있는 모터가 회전을 하게 된다. 그에 따라 모터에 감긴 코일이 발전기 내부의 영구 자석이 만드는 자기장 방향에 수직한 축을 중심으로 회전하게 된다. 그 결과, 코일의 단면을 지나는 자기장이 주기적으로 변하게 되어 코일에 유도 전류가 흐르게 되므로 불이 들어오는 것이다. 이때 자전거의 페달을 힘껏 밟아 바퀴를 가속하게 되면 불이 더욱 밝아지는 것을 볼 수 있는데, 이는 자기장이 더 빨리 변하는 것이기 때문이다.

(4) 금속 탐지기

금속 탐지기는 자기장의 변화를 감지해 주변에 금속이 있는지를 알아내는 장치로서, 금속 탐지기 속에는 교류 전류가 흐르는 코일이 있다. 직류 전류가 만드는 자기장은 변하지 않지만, 교류 전류는 전류의 크기와 방향이 바뀌므로 그에 따라 자기장도 변하게 된다. 따라서 교류 전류가 흐르는 코일 주변의 자기장은 계속 변하게 된다. 이렇게 변하는 자기장 속에 어떤 금속 조각이 들어오면, 전자기 유도 현상에 의해 금속 내부에 유도 전류가 발생하고 이 전류는 주변 공간에 약간의 자기장을 다시 만들게 된다. 자기장의 변화를 금속 탐지기 속에 있는 코일에서 감지하여 유도 전류를 발생시킨 후, 이 전류를 탐지기의 회로에서 증폭하여 주변에 금속이 있다는 사실을 확인할 수 있다.

3. 시기의 문제 해결하기

1) 자료 정리하기
① 지금까지 제작된 모든 자료를 단계별로 폴더를 만들어 체계적으로 정리한다.
② 폴더를 구조화시켜 자료를 저장하는 것이 좋다.

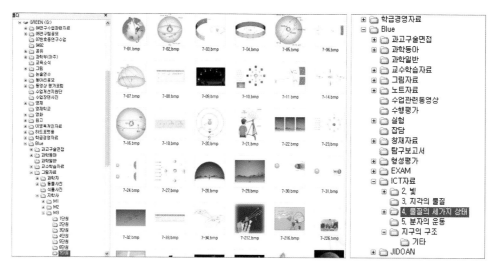

[그림 2-3-05] 폴더 정리하기의 예

2) 연구의 검증 및 평가

본교 재학생 108명을 대상으로 실시한 과학 수업의 설문지 결과는 다음과 같다.

〈표 2-3-04〉 과학 수업의 설문지 결과

대상: 본교 2학년 학생 108명
시기: 2007. 11

영 역	내 용	실행 전	실행 후	대 비
과학 교과에 대한 태도 변화	재미있고 쉽다.	6(5.6%)	28(26%)	+22(20%)
	재미있으나 어렵다.	97(97.2%)	75(69%)	-22(20%)
	어렵기만 하다.	5(4.6%)	5(4.6%)	0
실험 기구 조작에 대한 태도 변화	다루기 쉽고 재미있다.	20(18.5%)	45(42%)	25(23%)
	다루기 어렵지만 재미있다.	78(73%)	52(48%)	-25(23%)
	다루기 어렵고 재미없다.	10(9.3%)	11(10%)	+1(0.1%)
과학 수업에 대한 만족도	만족한다.	30(28%)	52(48%)	+22(20%)
	보통이다.	68(63%)	44(41%)	-24(22%)
	불만족스럽다.	10(9.3%)	12(11%)	+2(2%)

Ⅲ. 결 론

한 교실에서 수업하는 학생들의 선수 학습 정도는 매우 다양하다. 해당 학년 교과서 수준의 지식은 교사의 도움 없이도 이해할 수 있는 학생과 오랜 시간 동안 가르쳐도 이해하기 힘든 학생도 있다. 이러한 학생들에게 교과서 범주를 벗어나지 않는 이론 수업을 계속한다면 수업의 효과는 매우 감소할 것이다(박승재, 2000).

본교 학생들 중 60% 이상이 학원에서 과학을 선수 학습하고 있으므로 수업을 이론 위주로 하게 되면 지루하게 생각하고 집중하여 듣지 않으며, 학원에 더욱 의존하게 된다. 연구 결과 학생들은 수동적인 강의식 수업보다는 여러 가지 감각기관으로 확인하며, 능동적으로 참여하는 체험 위주의 수업을 선호하는 것으로 나타났다. 생활에 밀접한 도구를 사용하여 수업하였을 때, 과학 이론에 대한 이해가 증대하였고, 전반적으로 과학 교과에 대한 친밀감이 증가하는 것으로 나타났다. 결론적으로 실험 기구를 생활용품으로 교체하여 사용한 후, 이에 적합한 교재를 개발하여 사용하였을 경우 과학 교과목에 대한 흥미도가 상당히 높아졌으며, 수업에 대한 만족도 또한 많이 개선된 결과를 보여주었다.

본인이 연구한 단원 외에 과학 수업의 많은 영역에서 학생들이 능동적으로 참여하는 활기찬 수업, 학생들의 창의성을 개발할 수 있는 수업, 학생 중심의 자기 주도적 수업방법을 개발하는 연구가 계속되길 바란다.

제4장 고등학교의 사례

☑ 체제적 ICT 활용 수업의 적용

본 사례는 오프라인 학습 환경에서 고등학교 학생들을 대상으로 고등국어(상) 교과에 대해 체제적 ICT를 활용한 사례이다. 적용 결과 단순히 수동적이고 소극적인 차원에 머물렀던 기존의 ICT 활용 수업에서 벗어나 교육 현장의 특수성과 함께 다양성과 복잡성을 반영한 체제적 ICT 활용 수업 모형을 개발하여 적용해 보았다.

I. 연구의 필요성

체제적 접근은 학습요구를 사정하고 학습목표를 설정하며, 이를 위한 학습내용 및 교수방법을 선정한 후, 적절한 검사도구와 수업매체를 활용하여 수업전략을 시행하고 그 결과를 평가함으로써 학습 성과를 극대화하는 과정이다(Kemp, 1985). 또한, 체제적 접근은 교수·학습의 구성 요소들을 각 부분으로 인식하기보다는 전체적이고 통합된 과정으로 고려함으로써, 각 구성 요소 간의 상호 유기적인 통합 속에서 학습목표를 토대로 일련의 수업계획, 실천 및 평가의 과정을 거친다. 따라서 수업 과정에 대한 체제적 접근은 정보통신기술 공학적 원리와 기법을 적용하는 것이라 할 수 있다.

일반적으로 ICT(정보통신기술)는 교육의 목적과 가치를 실현시키기 위해 발전되기보다는 ICT 자체의 본래 목적을 위하여 발전되어 왔다. 즉 ICT의 본래 목적은 교육을 위한 것이 아니었으며, 교육 분야에서 교육적 필요에 의해 ICT을 채택하여 응용하게 되었다. 최근의 인터넷은 그 자체가 교육적 목적을 위한 것이 아니었지만, 인터넷의 다양한 기능이 교육 분야에 상당한 잠재력을 통해 실제로 활용되는 이치와 같다.

ICT를 교육에 채택하여 활용하는 것은 어떤 면에서 수동적인 성격이 강하다고 할 수 있다. 즉, ICT가 먼저 발전된 후, 그 결과를 교육에 적용하는 경향이 강하기 때문이다. 그러나 공학과 교육의 관계는 앞에서 지적한 바와 같이, 상호보완적인 관계가 되어야 하기 때문에 교육이 ICT의 발전을 선도해 가면서 교육의 필요와 가치를 실현시키기 위한 ICT의 발전이 필요하다. 이미 다른 분야의 목적을 위해 개발된 ICT를 교육에 채택하여 활용하는 차원을 넘어 순수한 교육의 목적인 교육 현상의 특수성이나 복잡성 또는 다양성에 적합한 ICT가 요구되기 때문이다.

앞에서 교육과 ICT와의 관계를 살펴보았지만, 일반적으로 교육에 대한 ICT 접근은 크게 두 가지 측면에서 이해될 수 있다. 첫째는 '교육에서의 ICT(technology in education)이며, 둘째는 교육의 ICT(technology of education)이다(Percival & Ellignton, 1984). 교육에서의 ICT라 함은 정보가 제시되어질 수 있는 가능한 모든 수단으로서, 이는 주로 시청각 매체를 의미한다. 시청각 매체는 OHP, 슬라이드, TV, 비디오, 카세트, 컴퓨터 등과 같은 하드웨어와 이러한 하드웨어를 운용하는 것과 관련된 TP, 슬라이드 자료, 오디오테이프, 비디오테이프, 컴퓨터 프로그램 등과 같은 소프트웨어를 모두 포함한다. 즉, 적절한 소프트웨어와 하드웨어의 활용을 통하여 학습의 효율성과 질을 향상시키려는 개념이라고 할 수 있다. 반면, 교육의 ICT는 교육목표를 달성하기 위해 교육을 하나의 체제(systems)로 보고, 교육의 전 과정을 통합적이고 체계적으로 계획하고 실행하며 평가하는 것을 의미한다. 즉 문제 해결 및 최적의 교육적 성취를 위해 여러 관련 분야로부터의 이론과 방법을 토대로 체제 접근을 적용하는 것을 의미한다. 이러한 의미에서 교육에서의 ICT는 산물로서의 공학을 의미하는 것으로서, 하드웨어나 이를 운용하는 소프트웨어를 교육에 적용하는 것을 의미한다. 반면, 교육의 ICT는 과정으로서의 ICT를 의미하는 것으로서 앞에서 논의한 교육과 ICT의 관계에서 진정한 의미의 ICT를 교육에 활용하는 것을 말하는데, 이는 교육의 전 과정을 체계적으로 계획, 실행, 평가하는 것이라 할 수 있다.

본 연구는 그동안 수동적이고 소극적 차원에서 머물러 있던 ICT 활용 수업을 탈피하여 교육 현상의 특수성과 복잡성 및 다양성에 적합한 ICT를 개발하고, 이를 교육의 전 과정에서 체제적으로 계획, 실행, 평가해 보는 데 목적이 있다.

Ⅱ. 연구 내용

ICT 활용 수업은 교육계 전반에 익숙한 수업 모델로 자리 잡고 있는 것이 현실이다. 그러나 단순히 교구를 나열하는 수준에 머무는 것이 아니라, ICT가 교수·학습 과정 안에서 하나의 체제를 이룬 수업 모델을 제시하고자 한다. 이를 위해 체제적 ICT 활용 수업설계를 활용하여 목적의 문제, 방법의 문제, 시기의 문제를 수업에서 어떻게 전개해 나갈 수 있는지 제시해 보고자 한다.

1. 학습단원

고등 국어(상) 3단원 중 (2)봉산탈춤

2. 학습목표 및 취지

이 단원의 제재인 '봉산(鳳山) 탈춤'은 장면에 따른 다양한 표현 방식을 연습하기 위한 자료이다. 따라서 교사가 작품에 대한 자세한 해설을 제공한다든지, 어휘를 풀이하는 수준의 수업보다는 학생들의 자발적인 참여를 통한 능동적 읽기를 권장해야 한다. 학생들로 하여금 민속극의 대사는 상황에 따라 얼마든지 바뀔 수 있다는 점을 알린 후, 장면의 변화를 고려하여 다양한 표현 방식을 통해 창의적으로 만들어 가는 과정까지 진행하는 것이 효과적이다. 이러한 학습 활동을 통해 일상생활에서 다양한 장면에 따라 같은 내용도 다른 방법으로 전달할 수 있다는 의사소통의 특성을 이해시킬 수 있다.

3. 체제적 ICT 활용 수업설계의 기본 틀

〈표 2-4-01〉 수업설계의 기본 틀

단원명	고등국어 상 3단원 (2) 봉산 탈춤		차시	
학습 목표	• 작품 속에 등장하는 비언어적 표현들을 상황에 맞게 상상할 수 있다. • 장면을 변화시켜 작품 내용을 다시 표현해 볼 수 있다. • 상상력을 통해 작품의 이해와 감상을 개인적 체험으로 수용할 수 있다.			

학습 흐름		교수 · 학습 내용	학습자 및 교수자 자료
소개하기	문제 인식 동기 부여 문제 선정	▶ 소단원 개관(단원의 내용 재확인) ① ▶ 학습 동기 유발 및 본시 학습 목표 확인 ② ▶ 학습 문제 선정: 모둠별 활동 내용 제시	
계획하기	계획 수립 및 문제 해결	▶ 문제 해결 방법 수립 • 학습 형태: 개별 및 모둠 학습 • 학습방법: 설명, 질의 응답, 토의 및 실연 발표 ▶ 준비 학습('봉산 탈춤'의 인물 간의 관계 파악) ③ ▶ '봉산 탈춤'에 드러난 비언어적 표현 찾기 ④ ▶ 비언어적 표현을 상황에 맞게 표현해 보기 ⑤ ▶ 장면을 변화시켜 작품 내용 다시 표현하기 ⑥	[학습지] 프레젠테이션
정리	정리 및 평가	▶ 학습 내용 정리 및 형성 평가 실시 ⑦	

설명하기	시범 보이기	질문하기	활동하기			과제 학습
			개별학습	소집단학습	협동학습	
① ②	②	③	④ ⑦	④ ⑤ ⑥		

4. 체제적 ICT 활용을 위한 구체적 수업설계

1) 목적의 문제 해결하기

(1) 소개하기

① 전시 학습의 내용을 상기시켜 '봉산 탈춤'의 단원 내용 및 유형적 구조를 재확인한다.

② 본시 학습 목표를 확인한다.

- 본시가 소단원 학습의 2차시 학습이며, 대단원 학습 목표 중 비언어적 표현과 장면에 따라 달라지는 표현 양식에 대해 학습하는 과정임을 주지시킨다.

③ 학습 동기 및 흥미 유발

- 1/7과 3/7의 수업 내용을 상기시키며, 비언어적 표현의 의미와 효과를 다시 한 번 설명한다.

- 역할 바꾸기, 패러디 등의 다양한 예를 통해 장면에 따른 표현의 변화를 직접 보여주는 과정이 필요하다.

④ 본시 학습 목표를 재확인하고 학습방법을 안내한다.

(2) 계획 세우기

① 학습지 제시 및 모둠별 학습방법 안내

- 과제 학습의 결과물을 바탕으로 모둠원들의 자료를 수합하도록 한다.
- 수합한 자료들 중 적당한 자료를 상호 협의 하에 결정하도록 한다.
- 상황에 맞게 실제로 표현해 보는 단계가 있음을 예고하여 이에 적합한 자료를 선정할 수 있도록 한다.

② 학습지 1번 문항에 대해 질의 응답하는 방식으로 '봉산 탈춤'의 인물 간의 관계를 파악한다.

③ '봉산 탈춤'에 나타난 비언어적 표현의 사례 찾기: 학습지 2번 문항 참조

〈표 2-4-02〉 모둠별 발표 예시

- 양반들: 야, 이놈 뭐야!
  - 화가 난 표정으로 손가락질을 하거나 때리려는 시늉
- 양반들: (합창) 이 생원이라네.
  - 서로 마주 보고 안심하며 만족해하는 표정
- 말뚝이: 아, 이 양반들 어찌 듣소. 용두 해금(奚琴), 북, 장고, 피리, 젓대 한 가락도 뽑지 말고 건드러지게 치라고 그리하였소.
  - 발언의 내용과는 달리 조롱하는 표정, 함부로 하는 몸짓, 손가락질하는 손짓
- 생원: 다음은 글이나 한 수씩 지어 보세.
  - 거들먹거리는 몸짓, 잔뜩 자부심에 찬 표정, 근엄한 분위기
- 서방: 하하, 그것 형님 잘 맞췄습니다.
  - 손을 마주치는 손짓, 기뻐하는 표정, 어딘지 어색한 웃음
- 생원: 나랏돈 노랑돈 칠 푼 잘라먹은 놈, 상통이 무르익은 대초 빛 같고, 울룩줄룩 배미 잔등 같은 놈을 잡아들여라.
  - 근엄한 표정, 위엄 있는 태도, 한쪽 발로 땅을 차는 시늉
- 생원: 아, 이놈 말뚝아. 이게 무슨 냄새냐?
  - 한 손으로 코를 막는 시늉, 한 손으로 손을 내젓는 손짓, 찡그린 표정

④ 비언어적 표현을 상황에 맞게 실연해 보기
- 모둠원 내에서 각각 역할 분담을 하도록 한다.
- 동일한 인물을 2명의 학생이 발표하더라도 모든 모둠원이 발표에 참여할 수 있도록 한다.
- 모둠 대표가 발표 과정을 진행할 수 있도록 한다.
- 가급적 비언어적 표현을 그렇게 표현하는 이유까지 설명할 수 있도록 유도한다.
- 실연 결과에 대해 다른 모둠원들의 평가와 지적이 가능할 수 있도록 한다.

⑤ 장면을 변화시켜 작품 내용 다시 표현하기

(가) 교과서의 '알아두기'를 읽으며, 장면의 개념에 대해 우선 설명한다.

> **♠ 참고: 담화의 장면**
> 장면이란 언어 행위를 둘러싼 세계를 말한다. 언어 행위가 이루어지는 모든 시간적·공간적 위치 및 거기에 존재하는 사물과 사건, 이것들의 진행과 상태, 분위기가 여기에 해당한다. 따라서 '나, 너, 오늘, 내일, 여기, 저기' 등이나 '이, 그, 저' 등의 지시 표현과 해석은 장면에 따라 달라진다. 또, 장면에 따라 담화에 내포된 의미가 달라지기도 한다.
> 교과서 '알아두기'

(나) 모둠별로 '봉산 탈춤' 중 하나의 장면을 선택하여 이를 다른 장면으로 변화시켜 표현하도록 한다.

- 모둠별로 다양한 측면에서 장면을 변화시킬 수 있도록 지도한다.
- 장면의 변화에 따라 표현의 변화가 나타날 수 있어야 함을 유의하도록 한다.

〈표 2-4-03〉 모둠별 계획 예시

A 모둠
−말뚝이와 양반의 대립을 현대의 노사 관계의 상황으로 바꾸어 표현하겠다.
B 모둠
−양반이 권위를 유지하고, 말뚝이가 그 권위에 복종하는 시대적 분위기의 장면으로 바꾸어 표현하겠다.
C 모둠
−말뚝이가 양반에 대해 풍자의 표현 방법이 아니라 직설적 표현으로 저항하는 장면으로 바꾸겠다.
D 모둠
−양반이 정확하게 시대적 분위기를 인식하고, 합리적으로 말뚝이의 저항에 대항하는 장면으로 바꾸겠다.

(다) 모둠별로 변화시킨 장면을 각각 역할 분담을 하여 실연할 수 있도록 한다.

〈교수·학습 방안〉 모둠별 실연의 목적이 ① 장면에 따라 다양한 표현 방식이 변경되어 나타날 수 있음과 ② 장면에 따라 담화에 담긴 의미가 달라질 수 있음, 그리고 ③ 상상력을 통한 작품의 이해와 감상의 개인적 체험으로의 수용이라는 세 가지 목표를 달성하기 위한 것임을 염두에 두고 이러한 측면에 대한 교사의 지도 조언이 필요할 것이다.

2) 방법의 문제 해결하기

(1) 학습자 자료제작

(2) 봉산 탈춤 (5차시)

[학습 활동 응용]

1. 이 장면에 등장하는 인물들의 관계를 제시하는 다음 표를 완성해 보시오.

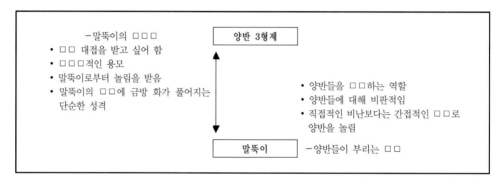

2. '봉산 탈춤'에 나타난 비언어적 표현들의 사례를 찾고 그 내용을 설명해 보시오.

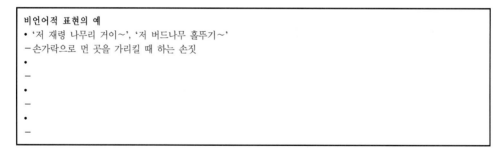

3. 위에서 조사한 표현들에 대해 역할 분담을 한 후, 실연해 보시오.

4. '봉산 탈춤' 중 한 장면을 선택하여, 다른 상황으로 변화시켜 표현해 보시오.

[학습지 정답]

1. 상전, 양반, 비정상, 변명, 풍자, 풍자, 마부

2. '교수·학습 내용'에서 제시함

3. 생략

4. '교수·학습 내용'에서 계획만 제시함

(2) 교수자 자료제작

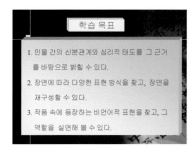

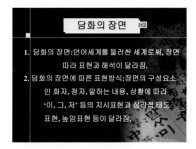

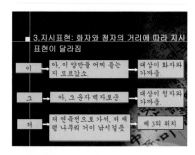

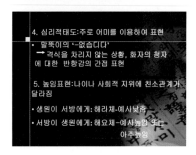

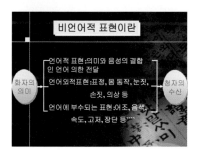

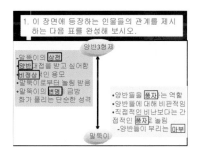

형성평가

2. 지시 표현을 찾고, 이 장면에 등장 인물과 사물의 위치를 말해보자.

이	아, 이 양반들 어찌 듣는지 모르갔소	대상이 화자와 가까움
그	아, 그 웬자 벽자로군	대상이 청자와 가까움
저	저 연죽전으로 가서, 저 재령 나무리 거이 낚시걸듯	제 3의 위치

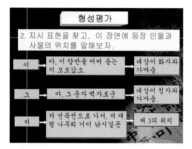

형성평가

3. 각 인물들을 상황에 맞게 분장시키는 계획으로 적절하지 **않은** 것은?
① 동호는 열전 마을에는 어울리지 않는 정장 차림으로 분장시킨다.
② 송화는 정숙한 여인으로 꾸미되, 우수가 깃든 모습으로 분장시킨다.
③ 동호는 사교적이고 화려한 인생을 지난 중반의 남성으로 분장시킨다.
④ 천가는 가난에 찌든 모습이지만 다정다감한 느낌이 들도록 분장시킨다.
⑤ 송화는 외모는 초라하지만 예인다운 기품이 흐르는 모습으로 분장시킨다.

형성평가

4. 윗 글의 비언어적, 반언어적 표현을 찾고, '송화'의 발언을 실감나게 낭독할 수 있는 방안에 대해 발표해 보시오.

언어외적표현	기품이 흐르는 태도, 슬픔을 인내하는 표정, 정면만을 바라보는 모습
언어에 부수되는 표현	초연한 어록, 조용하고 나직한 목소리, 슬픔이 배어나는 어록

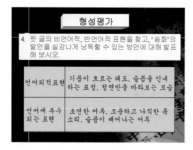

차시 예고

◆다음 시간은 모둠별로 주어진 과제를 조사해서 발표하는 시간 입니다.
•제1조: 시조의 비언어적 표현을 조사하기
•제2조: 시조 짓고, 비언어적 표현을 고려한 낭독하기
•제3조: '맹진사댁 경사'의 등장인물의 심리적태도를 조사하기
•제4조: '맹진사댁 경사'의 비언어적, 반언어적 표현 을 찾고 낭독하기

수고 하셨습니다

3) 시기의 문제 해결하기

① 학습 내용을 정리한다(질의·응답으로 정리).

② 형성 평가를 실시한다.

③ 차시 학습을 예고한다.

　차시에는 단원의 마무리 및 자기 점검이 이루어짐을 예고하여 단원 전체 학습에 대한 복습의 과정이 필요함을 당부한다.

 형성 평가

형성 평가지

[학습 활동 응용]

1) '봉산 탈춤'의 장면에 등장하는 인물들의 신분 관계를 밝히고, 그 근거가 될 수 있는 부분을 제시하시오.

2) 말뚝이와 양반들의 심리적 태도를 밝히고, 그 근거가 될 수 있는 부분을 제시하시오.

3) 장면을 언어 행위를 둘러싼 세계라고 정의할 때, 다음 중 장면에 해당하지 <u>않는</u> 것은?

　① 시간적 위치　　② 공간적 위치　　③ 사건이 진행되는 분위기

　④ 사건의 진행 상황　⑤ 다양한 표현 방식

[형성 평가 정답]

1) 말뚝이–벙거지를 쓰고 채찍을 든 모습에서 양반을 모시는 마부의 신분임을 알 수 있다. / 양반들–"야, 이놈, 뭐야!", "이놈, 너도 양반을 모시지 않고 어디로 그리 다니느냐?"에서 말뚝이의 상전임을 알 수 있다.

2) 말뚝이–"양반 나오신다!～ '반'자 쓰는 양반이 나오신단 말이오."에서 양반 삼형제의 허위와 가식을 풍자하는 태도를, "아, 이 양반들, 어찌 듣는지 모르갔소. ～"에서 양반을 양반으로 대접하지 않고 풍자의 대상으로 생각하는 말뚝이의 심리 상태를 알 수 있다. / 양반들–모두 비정상적인 모습을 하고 있는 외양 묘사를 통해 정상적 심

리 상태가 아님을 알 수 있고, "쉬이. (춤과 장단 그친다.) 말뚝아. ~ 어디로 그리 다니느냐?"에서 말뚝이로부터 양반으로서의 정당한 대우를 받고자 희망하는 심리 상태, 말뚝이의 변명에 안심하는 여러 대화를 통해 자신의 처지를 인정하는 소극적인 대응 심리를 파악할 수 있다.

3) ⑤

Ⅲ. 결 론

그동안 ICT 활용 수업은 교육계 전반에 익숙한 수업 모델로 자리 잡고 있는 것이 현실이지만 단순하게 교구를 나열하는 수준에 머무르는 상황이었다. 따라서 ICT 활용 수업은 정보가 제시되어질 수 있는 가능한 모든 수단을 의미한다. 즉, OHP, 슬라이드, TV, 비디오, 카세트, 컴퓨터 등과 같은 하드웨어와 함께 TP, 슬라이드 자료, 오디오테이프, 비디오테이프, 컴퓨터 프로그램 등과 같은 소프트웨어를 모두 포함한 시청각 매체가 필요하다. 기존의 ICT 활용 수업은 교육의 목표 달성을 위해 순기능만을 한 것이라고 보기 어렵기 때문에 체제적 ICT 활용 수업이 필요하며, 이는 교육 목표를 달성하기 위해 교육을 하나의 체제로 보고 교육의 전 과정을 통합적이고 체계적으로 계획, 실행, 평가하는 것을 의미한다.

ICT가 교수·학습 과정에서 하나의 체제를 통해 수업 모델을 제시하고자 노력하였으며, 이를 위해 목적의 문제, 방법의 문제, 시기의 문제가 유기적으로 결합된 수업을 어떻게 전개해 나갈 수 있는지 많은 고민을 해보았다. 그러나 생각만큼 쉽지 않았으며, 본 연구 과제 또한 단순히 시청각 매체를 활용한 수업 과정에서 크게 벗어나지 못한 것이 아닌가 생각하는 계기가 되었으나 나름대로 가치와 의미가 크다고 생각한다. 이는 단순히 수동적이고 소극적인 차원에서 머물러 있던 ICT 활용 수업을 탈피하여 교육 현장의 특수성과 함께 복잡성 및 다양성에 적합한 ICT를 개발하고 이를 교육의 전 과정에서 체제적으로 계획, 실행, 평가해 보고자 하는 값진 연구였기 때문이다.

제5장 대학교의 사례

☑ 설화 화소 강의의 체제적 접근

> 본 사례는 오프라인 학습 환경에서 대학교 학생들을 대상으로 설화 화소 강의의 체제적 접근을 시도하였다. 이는 학생들의 사고력 증진은 물론 학습 현장에서 돌발적으로 일어나는 다양한 문제 상황에 대한 해결력의 배양과 더불어 학문적 깊이에 접근하려는 방법적인 모색의 기회가 되었다.

Ⅰ. 연구의 필요성

효율적인 학습 효과를 위하여 블렌디드 러닝을 강의에 도입하게 되었다. 학생들의 사고력 신장과 현장에서 돌발적으로 일어나는 문제 상황에 대한 문제 해결력의 배양과 더불어 학문적 깊이에 접근하기 위한 방법적인 모색을 위해 블렌디드 러닝은 매력적인 학습방법이다.

Ⅱ. 연구 내용

1. 목적의 문제 해결하기

1) 소개하기

학습자끼리 소개를 통한 친밀도 형성, 대화나누기, 자기를 표현하기, 인사 등이 이루어진다. 학습 공간에 참여하여 적극성과 친밀도를 높이고 타인과 나의 공통점을 분석하는 설문지가 배포될 수 있으며, 상대방에 대한 분석을 통해서 친밀감이 형성될 수 있다. 자기소개지를 만들어 수업 도중 자기소개에 활용하기도 하며, 이를 교수자의 블로그에 올려서 공유한다.

2) 주제 선정하기

주제 선정은 학습 목표를 향한 핵심 부분이다. 학습자의 창의성과 능력 신장이 중요하므로 자유롭게 학습자의 아이디어를 증진하며, 학습자가 주제를 선정하도록 지원하는 방법이 필요하다. 이는 학습자들의 자발적인 참여 유도와 동기 부여를 높여줄 수 있기 때문이다. 특히, 주제 선정하기는 학습목표 설정을 위한 핵심 부분으로서 핵심 단원, 기본 단원, 심화 단원의 세 요소로 구성되어 있다. 세 단원은 반드시 질문형으로 묻고 의미를 제시하도록 해야만 한다. 핵심 단원은 논제가 되는 부분으로서 주제의 다양성, 포괄적인 아이디어, 다양한 사고력, 상상력 자극이 중요하다. 기본 단원은 핵심 단원과 연계성을 갖고 깊이가 있으며, 폭넓은 나선형 구조로서 핵심을 토대로 심화와 연결되도록 한다. 심화 단원은 구체적 사실적과 함께 실제적인 단원으로 설계한다.

〈표 2-5-01〉 주제 선정을 위한 세 가지 단원의 예

설화 요소 비교 - 화소 비교		
핵심 단원	기본 단원	심화 단원
여러 나라에 구전되어 오는 설화의 공통점과 차이점은 어떤 것이 있는가?	• 설화의 요소 중 어떤 면에서 공통점과 차이점을 가지는가? • 세계적으로 공통된 탈피 설화가 한국에 있는가? • 정화와 탈피, 역경 극복이 복합된 한국 설화가 있는가?	한국 설화와 그리스·로마 신화를 비교해서 설화의 내용 요소인 화소의 공통점과 차이점을 비교할 수 있는가?

3) 자료 탐색하기

이 과정에서는 학습을 위해 탐색한 검색엔진이 신뢰성이 있는지, 지적 능력이 확장될 수 있고 출처와 근거가 확실한 자료인지, 나와 관련된 지식인지, 좀 더 나아가 어디에 존재하는지와 같이 학습자들이 지식을 아는 것이 중요하다. 또한, 탐색된 자료가 정보 윤리와 저작권법에 저촉되지 않으며, 질적으로 검증된 자료인가를 함께 평가해 보아야 한다.

4) 계획 세우기

이 과정에서는 수업 계획과 조별 계획을 세워야 한다. 수업 계획은 핵심, 기본, 심화 단원의 내용이 서로 연계성을 갖고 맥락이 구성되어 있는지의 여부를 확인해야 한다. 수업 전 토론 사항과 기구, 컴퓨터실의 예약 상황, 강의실 상황, 장치 등을 점검해 보아야 한다. 또한, 학습방법의 형태를 결정하기 위해 개별 수업의 형태인지 혹은 모둠 수업인지를 파악하여 사전에 수행하게 되는 수업의 형태를 결정해야 한다.

〈표 2-5-02〉 수업 계획서의 예

질 문	응 답
효과적인 수업을 위해 각과 학생들의 동선이 고려된 위치인가?	사회관 강의실 사용이어서 사범대학 캠퍼스와는 거리가 멀기 때문에 동선이 고려됨
강의를 위해 기기의 설치는 만족할 만한 상황인가?	빔 프로젝트, 실물 화상기 등이 설치됨
계절별 강의실 상황은 어떤가?	사범대학 강의실은 온풍기 가동이 되지 않기에 구비되어야 함
강의를 지원하기 위해 인터넷 사용이 가능한가?	인터넷을 이용한 자료검색, 이메일 전송, 게시판 이용이 가능함
강의를 위해 교수자가 사전에 알고 있어야 하는 지식은 어떤 것들인가?	학습자의 수준, 기기나 장치의 사용법, 수업 모니터링이 필요함
협력 학습을 위해 사전에 학습자에 대한 고려 사항은 어떤 것들이 있는가?	역할 분담 및 전공과의 관련성 파악이 필요함
강의를 위해 내·외적으로 지원 받을 멘토나 퍼실리데이터가 있는가?	교사로 일하고 있는 선배들과 전공 공부를 위한 연계 학습 및 연락 가능 여부 확인 요함
강의 시작 전 미리 준비해야 할 사항은?	컴퓨터실 예약 및 전문가 초빙, 기구실 사용에 따른 사전 준비가 필요함
강의를 위한 보조 자료가 필요한가?	관련 서적, 화이트보드와 필기도구, 학습 자료가 준비되어야 함
강의전 학생들이 읽어야 할 자료는 도서관에서 충분히 구비하고 있는가?	도서관 사서와 연락하여 타 대학 전자서적의 대출가능 여부를 확인해야 함
학생들이 읽어야 할 자료에 대하여 정보의 링크 사항은 점검하였는가?	검색 엔진의 공유와 동일한 경로를 사전에 알려야 함
강의 도중 학습자의 질문을 어떤 형식으로 피드백할 것인가?	질문이 있는 학생에게 발표 기회를 제공하고 공동으로 답을 모색하는 토론식 강의가 필요함
강의 후 개별 학생에 대한 피드백 방법이 준비되어 있는가?	교수자용 블로그를 통해 학생의 블로그에 댓글을 달도록 지도함

5) 조별 계획 세우기

조별 계획은 조원의 구성에 따른 역할을 분담시키는 것을 의미한다. 이를 통해 학습자 간의 친화력, 협동심, 상호작용성이 증진된다. 따라서 개인별로 분명한 책임이 주어져야 하며, 공평한 역할 분담과 함께 주기적인 변화를 주기 위해 강의 내용별로 조 편성과 프로젝트 임원을 다르게 지정한다. 과제 수행을 잘하거나 프로젝트 결과물과 상호 협력이 잘된 조에 대해서는 부가 점수를 부과하도록 한다.

최○○(국어교육과)	최○○(국어교육과)
조원 역할 분담시키기, 선배들과 연락, 외부 서적 자료 구비하여 요점정리 및 조원에게 나누어 주기	인터넷 자료를 검색하여 관련자료 10개 이상 정리 및 요점 파악 후 조원에게 배부하기
장○○(교육심리)	박○○(문헌정보)
파워포인트 자료를 사용하여 발표하기	파워포인트 및 조원들에게 배부하기

2. 방법의 문제 해결하기

이 과정에서는 학습자 자료와 함께 교수자 자료를 제작한다. 이를 위해 학습자는 홍보물이나 홈페이지를 제작하거나 관련된 내용에 대한 파워포인트를 제작한다.

교수자 자료의 제작은 강의 자료와 안내문, 홈페이지를 제작하도록 한다. 강의 자료 제작 시 강의 주제 설정의 목적이나 새로운 단어 및 개념들은 교수자의 설명과 함께 학습자 개인의 어휘 폴더를 제작하도록 한다. 또한, 학습자들은 각 조와 팀에 소속되어 각자의 자료 포트폴리오와 공유된 자료를 개인 블로그에 저장하도록 한다. 교수자는 학생들의 블로그에 방문하여 댓글을 남기거나 피드백을 통하여 격려한다. 제작이 뛰어난 자료는 교수자의 블로그나 학교 홈페이지에 게재하여 공유하도록 한다. 교수자의 블로그는 학습 정보를 제공하거나 학습자와의 상호작용을 위한 것이 주된 목적이다. 따라서 학습자의 블로그와 구별되도록 강의 자료, 학습 일정, 과제 게재, 평가, 평가기준, 학습자 소개, 진로에 도움이 되는 사이트의 연결, 인문학과 관련된 학문 간의 통섭되는 정보를 제공하여 학습자의 활동을 돕도록 한다.

3. 시기의 문제 해결하기

이 과정은 학습자들이 지금까지 수집하거나 생성된 자료를 정리하고 발표하고 평가하는 과정이다. 각자 폴더를 만들어 포트폴리오 형태로 제작하여 단계별로 정리함으로써 프로젝트나 조별 과제 수행에 따른 내용의 이해가 보다 명료해진다. 또한, 폴더의 구조화를 통해 강의 자료를 공유할 뿐 아니라, 보다 체제적인 접근으로 인해 학습자들은 강의 내용을 정리하기가 용이하게 된다. 강의 자료는 공개적인 평가의 절차가 필요하며, 항목별로 4단계 평가를 수행하면서 학습자 스스로 자신의 자료를 평가하고 성찰하는 과정이 되어야 한다. 이를 위해 학습자나 조별끼리의 상호 평가, 선배들의 조언이나 교수자의 평가와 격려 등이 필요하다.

2007. 11. 25. ○○대학교 ○○○	전공: 학번: 이름:

설화 화소 비교-(탈피설화) 구렁 덩덩 새 선비와 그리스 로마 신화 	글: 한00
	그림: 이00
	출판사: 00

1. 구렁 덩덩 새 선비 이야기의 특징과 외국의 비슷한 이야기를 소개해 주십시오.

2. 이 이야기 속에는 '숫자 3'이 가지는 의미가 큽니다. 이야기 곳곳의 어떤 의미와 이야기가 연결되는지 설명과 덧붙여 적어봅시다.

3. 각시는 새신랑을 찾으러 길을 나서게 됩니다. 가는 도중에 새신랑이 있는 곳을 가르쳐 주는 동물과 사람을 만나게 됩니다. 그 과정을 기호학파의 기호 표상성으로 의미 대입하시오.

설명			
의미대입			

4. 각시와 아가씨는 내기를 하게 됩니다. 각시와 아가씨가 내기의 과정을 어떻게 겪어나가는지 각자의 입장에서 설명으로 요약해 주십시오.

	굽 높은 나막신 신고 물 길어오기	참새가 앉은 나뭇가지 꺾어 오기	호랑이 눈썹 뽑아 오기
각시			
아가씨			

5. 외국 신화인 '푸시케와 에로스' 신화와 비슷한 점이 있습니다. 공통점과 차이점을 비교문학 관점에서 논하시오.

제 3 부

블렌디드 수업의 온라인
수업 사례

이 단원에서는 블렌디드 수업을 적용한 온라인 수업 사례를 소개하였다. 온라인 수업방식은 이러닝 설계 전략(Horthon, 2006)에 기초하여 1) 흡수 활동 유형 2) 실행 활동 유형 3) 연결 활동 유형을 사례별로 적용하였다. 우리나라 초등학교와 고등학교, 기독교 학교에서 학습 현장에 따라 각각 다르게 적용된 수업 사례를 다음과 같이 제시하였다.

제1장 초등학교의 사례

☑ 블렌디드 수업에서의 독서지도 활성화 방안

> 본 사례는 온라인 학습 환경에서 초등학교 학생들을 대상으로 독서지도를 활성화하기 위한 목적의 수업이었다. 온라인 수업방법을 적용한 결과 교실에서의 면대면 수업에 따른 한계점을 극복할 수 있었으며, 동시에 온라인 수업이 갖는 단점도 해결할 수 있었다. 특히, 블렌디드 러닝을 활용한 독서지도는 학교와 가정에서 발생하는 다양한 문제점들을 보충할 수 있는 기회가 되었다.

I. 연구의 필요성 및 목적

우리 학생들 앞에 펼쳐지는 21세기 사회는 고도의 지식·정보 사회로 개인은 물론 국가의 경쟁력을 결정하는 요인이 창의적인 지식과 다양한 정보를 활용하는 능력이라 할 수 있다. 이에 교육도 자신이 필요로 하는 정보를 스스로 찾아내는 능동적이고 진취적인 능력과 태도를 키우는 데 중점을 두어야 한다. 이러한 창의적이고 다양한 정보 습득 및 활용 능력의 바탕은 무엇보다도 어릴 적부터 독서 교육이 계획적으로 이루어질 때 더욱 효과적이며, 인간다운 삶과 창조적인 생활을 영위하기 위해서도 독서는 그 바탕이 된다.

학교 현장에서는 주어진 문제에 대한 정보를 스스로 선택·활용하여 자기주도적으로 해결하고 새로운 정보를 창출하는 능력을 배양하는 독서 교육이 활성화되어야 한다. 독서는 지식 자체를 가르치는 것보다는 지식을 얻는 방법(기능이나 원리)을 가르쳐주어야 한다는 원리에서 출발하여 학생 스스로 필요한 정보와 지식을 찾아 스스로 구성하도록 하는 구성주의와 관련이 있다. 예를 들어 글쓰기와 관련된 지식보다는 실제 상황에서 글쓰기를 잘하는 데 필요한 방법을 가르쳐주어야 한다. 그리고 내용 자체보다는 문제를 해결하는 방법을 가르쳐주어야 한다. 또한, 단순한 기능보다는 고등 정신 기능을 길러야 하고 사고력이나 상위인지 능력을 길러주어야 한다. 이와 같은 언어 교육 패러다임의 변화는 학생들의 능력과 특성을 중시하는 수업, 교수보다는 학습을 강조하는 수업, 구체적인 방법을 가르쳐주는 수업, 내용 자체보다는 방법을 강조하는 수업, 개별보다는 통합을 강조하는 수업, 결과보다는 과정을 강조하는 수업, 활동 중심의 수업을 기본 원리로 삼고 있다.

그러나 학생들의 정보 창출력, 정보 구성 능력, 지능, 인성, 감성 발달을 돕는 가장 효과적인 수단이기도 한 독서 교육이 학교에서와 가정에서 연계되어 이루어지지 못하고, 학생들과의 상호작용 없이 책을 읽고 결과만 제출하게 하는 수준에 머물고 있는 실정이다. 즉, 학생이 독후감을 써서 담임교사의 확인만 받고 제출하는 정도로는 발전적인 독서 교육이 이루어지지 못하게 된다. 따라서 학교와 가정에서의 충분한 독서 시간 확보는 물론 독서를 통한 교사와 학생, 학생과 학생 간의 상호작용을 통한 독서가 매우 필요한 실정이다. 블렌디드 러닝 독서 교육은 학교에서의 독서가 가정에서 연계되고 나아가 교과 시간에 부족했던 독서 토론이나 독후 활동 등을 가정에서 계속 수행할 수 있다는 장점이 있다. 따라서 가장 중요한 독서 교육은 시간과 장소에 구애받지 않고, 많은 사람과 상호작용을 통한 독서 활동으로 사고의 확장과 함께 창의성을 유발하는 블렌디드 러닝 독서 교육이 절실히 필요하다.

Ⅱ. 연구 내용

1. 흡수 활동 유형

1) 독서의 목적

교과 교육이나 재량 활동, 특별 활동과 연계한 독서지도를 통하여 학생의 다원적 사고력 및 창의성과 문제 해결력을 신장시키며, 학교·가정·사회와 연계한 '1주 1권 책 읽기' 운동의 전개로 학생들이 자기주도적으로 책을 읽는 습관을 기르도록 한다.

2) 독서 교육의 방침

① 좋은 책 읽기 운동(독서 300 운동)

② 1주 1권 책 읽기 운동(1주일에 1번 이상 도서실 가기)

③ 아침 10분 독서하기

④ 전자 도서관 방문 독서하기

⑤ 다양한 독후 활동하기

⑥ 독서 논술하기

⑦ 친구 독후감 읽고 자기의 소감 적어주기

3) 다양한 독서 프로그램 운영하기

다양한 독서 활동 프로그램을 구안하여 연중 계획을 세워 운영한다.

〈표 3-1-01〉 다양한 독서 프로그램

활동명	활동 중점	활동명	활동 중점
학급 문고 확충	개인별 3권 이상 모으기	좋은 책 소개하기	자기가 읽은 책의 내용을 친구에게 소개하여 같이 읽고 토론하기
독후감 파일 만들기	독후감을 누가 기록하여 파일로 만들기	독서 편지 쓰기	책의 주인공이나 책의 지은이에게 편지쓰기
독서 카드	개인별 독서 카드 만들어 독서 교육에 활용	독서 감상화 그리기	책의 감동적인 부분을 그림으로 그리기
독서 마인드 맵	독서를 통한 정보 및 감상을 개념화하기	만화로 나타내기	4컷이나 6컷으로 책의 중요한 내용을 만화로 표현하기
동시로 나타내기	독후 감상을 동시로 표현하여 독서 능력 신장 및 동시 표현 능력 신장 도모	독서 논술 쓰기	책에서 문제점을 찾아내어 해결하는 과정으로 논술 쓰기
미니 북 만들기	책의 뒷이야기를 상상하여 작은 책을 만들기	삼행시 짓기	주인공 이름이나 책 제목으로 책의 내용과 관련하여 삼행시 짓기
이야기 이어가기	개인별 또는 모둠별로 이야기를 상상하여 뒷이야기 이어가기	독서 퀴즈 하기	책의 중요한 내용을 골라서 퀴즈 문제로 만들고 풀어보기

4) 통합적 독서 교육의 원리

① 읽기뿐만 아니라 듣기·말하기·쓰기의 통합적인 독서 지도가 되어야 한다.

② 모든 교과와 연계된 독서 지도가 되어야 한다.

③ 삶의 의미와 가치를 발견하고 창조하는 독서 활동이 되어야 한다.

④ 독서 체험의 표현을 중시하는 교육으로 전환되어야 한다.

⑤ 독서 흥미를 유발할 수 있는 실제적인 활동 중심의 독서 교육이 되어야 한다.

⑥ 학습자들의 개성을 존중하고 자기 스스로 독서할 수 있는 자기주도적인 독서 능력을 길러야 한다.

⑦ 서로의 의견과 감상을 교환하고 발표 및 전시할 수 있는 기회를 자주 갖게 한다.

⑧ 독서 과정에서 자신의 총체적 경험의 소산인 스키마(Schema)를 활성화할 수 있도록 지도한다.

⑨ 독서 과정(읽기 전, 읽는 중, 읽은 후)에 따라 적절한 독서 학습 전략을 사용하는 지도가 이루어져야 한다.

5) 학습 독서와 도서관 활용 수업

학습 독서는 교양 독서, 취미 독서 등과 같이 독서의 목적과 관련된 용어로서 학습을 위한 독서를 의미한다. 또한, 도서관 활용 수업은 학습 독서의 일환이며, 학습 독서는 도서관 활용을 기반으로 이루어질 수 있다. 이에 도서관 활용 수업은 교과별 교수·학습 과정에서 학교 도서관의 문헌자료, 전자통신 매체, 영상 및 음향 자료 등의 다양한 정보원을 활용하여 학습 목표를 효과적으로 달성하려는 교육 활동이라고 말할 수 있다.

6) 독서와 논술 수업의 강조점

① 수업 모형을 적절히 활용할 수 있는 능력이 필요하며, 수업의 목표와 내용에 부합하는 교수·학습 모형의 선택과 적용 능력이 필요하다.

② 학습 활동의 단위로는 학급 전체가 일시적으로 하기보다는 개별적으로 하거나 소집단별로 하는 것이 좋다. 언어활동을 극대화하기 위해 교사 대 학생 간의 일대일 형태의 상호작용보다는 학생들 간의 상호작용이 최대한 일어나게 하는 것이 중요하다. 학생들 간의 상호작용이 풍부하게 이루어지는 교실에서는 자연스럽게 학생들 간의 토론이나 협의 활동이 왕성해지면서 이른바 학습자 중심의 학습이 가능하게 된다.

③ 학생들의 참여 범위를 최대한 확대하는 것이 좋다. 예를 들어 무조건 교사가 학습 활동을 구안하여 제시하기보다는 학생들 스스로 학습 활동을 계획하게 했을 경우 학습자 참여가 확대되고 심화된다.

2. 실행 활동 유형

1) 독서 포트폴리오

다양한 독후 활동 결과물을 포트폴리오로 정리하여 자신의 독서 활동을 되돌아보고 평가할 수 있다. 학생들이 책을 읽을 때마다 포트폴리오를 만들면 포트폴리오에 대한 부담감 때문에 책 읽기를 기피하므로 꼭 남겨야 할 책이나 일주일에 한 번 정도로 횟수를 줄여 책 읽기를 좋아하도록 유도해야 한다.

(1) 주인공에게 편지 쓰기

책을 읽고 난 후, 책 속의 주인공에게 하고 싶은 말이나 궁금한 점, 좀 더 바라는 점 등을 편지 형식으로 써서 책을 읽고 난 후의 감동과 생각, 느낌을 정리하게 한다.

(2) 만화로 나타내기

책 속의 내용이나 가장 인상 깊었던 장면 등을 4컷, 6컷, 8컷 등의 만화로 구성하여 책을 읽고 난 후의 감동을 재미있는 방법으로 표현할 수 있도록 한다.

(3) 독서 감상문 쓰기

가장 일반적인 형태의 독후감으로 책을 읽게 된 동기와 책의 줄거리, 감동 등을 표현한다.

(4) 독서 감상화 그리기

책을 읽고 난 후, 가장 감동적인 장면 또는 가장 인상 깊은 장면 등을 그림으로 표현한다.

(5) 독서 마인드 맵

학생들이 독후 활동 중에 선호하는 형식 중의 하나로 마인드 맵(mind map)을 적용하여 책의 내용을 개념화한 후 정리한다.

책의 지은이에게 편지를 써 보세요

책이름		읽은 시간	
지은이		출판사	

♣ 이야기를 읽으면서 하고 싶었던 말을 지은이에게 편지로 써 보세요.

만화로 그려 보세요

책이름		읽은 시간	
지은이		출판사	

♣책을 읽고 감동적인 부분을 만화로 그려 보세요.

 독후 감상화를 그려 보세요

책이름		읽은 시간	
지은이		출판사	

♣책을 읽고 가장 감명 깊은 장면을 그림과 글로 나타내 보세요.

[그림 3-1-01] 독서 포트폴리오 양식

2) 독서 퀴즈

학년 필독 도서나 권장 도서는 가능하면 책을 꼼꼼히 읽도록 지도하고 그중에서 몇 권을 선정하여 독서 퀴즈를 내면 학생들이 상당히 열심히 읽는다. 도전 골든 벨 형식으로 퀴즈를 하기도 하고 꿀맛 닷컴에 독서 퀴즈 코너를 마련하여 학생들이 책을 읽고 문제를 만들어 제시하고 답을 맞히는 학생에게 시상을 하는 등 다양한 방법으로 퀴즈를 진행하도록 한다.

퀴즈 문제를 만들어 보세요

책이름		읽은 시간	
지은이		출판사	

♣ 내가 읽은 책의 내용을 퀴즈 문제로 만들어보세요.

번호	퀴즈 문제(등장인물, 사건, 내용 등)	정답
1		
2		
3		
4		
5		
6		
7		
8		
9		
10		

[그림 3-1-02] 독서 퀴즈 양식

3) 독서 오름길

[그림 3-1-03] 독서 오름길 모습

[그림 3-1-04] 아침 10분 독서

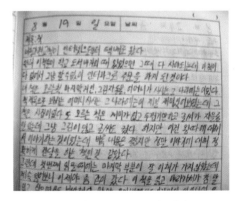

[그림 3-1-05] 독서 일기

1년 동안 학생들이 읽어야 할 책의 목표량을 정한 후, 그 목표에 도달하는 정도를 게시판에 게시하여 학생들의 독서 활동을 자극하는 방법이다.

6학년 우리 반의 경우, 1주일에 책 2권 읽기로 정하여 1년간 100권의 책읽기 운동을 목표로 자신이 읽은 책을 독서 카드에 기록하여 1주일에 한 번씩 검사를 받도록 하였다. 이와 함께 자신의 독서량에 따라 이름표를 책의 권수에 맞게 옮겨 붙이도록 권유하였다.

4) 아침 10분 독서

매일 아침 두뇌 활동이 활발한 시간에 독서를 하면서 하루를 시작하는 마음으로 아침 10분 독서운동을 전개하였다. 3월에 학급 담임을 맡으면서 곧바로 시작하여 1년 동안 학교에 등교하는 날이면 거의 빠짐없이 활동하였다. 월요일부터 독서를 할 수 있도록 새 책을 자기 책가방에 넣어온 후, 9시부터 10분간 과목에 관계없이 독서를 하고 나서 하루를 시작했다. 10분 동안의 집중적인 독서가 쉬는 시간에도 책을 펼쳐 보는 계기가 되었다.

5) 독서 일기

독서하는 심리적 분위기를 조성하기 위해 생활 속에서 독서에 관한 내용을 일기로 쓰도록 권장하였다. 책을 사러간 이야기, 인터넷 서점 둘러보기, 책의 지은이와 관련된 내용, 책 소개

에 관한 신문 기사, 책 광고 등 독서와 관련된 내용들을
일기로 써보게 함으로써 독서에 관한 관심을 점차 높여
가도록 하였다.

[그림 3-1-06] 책표지
만들기의 실제

6) 책 표지 만들기

가장 인상 깊은 장면을 추출하여 책 표지를 그려봄으
로써 책의 느낌과 감동을 재확인하고 오래 유지하기 위
하여 실시하였다. 책의 표지에 들어가야 할 내용으로
제목, 지은이, 출판사 등이 있음을 알고 자신의 책에 관
한 느낌을 다시 살려 제목 바꾸어 쓰기, 가장 인상 깊은
점 그리기, 글씨체 등에 유의하여 작성하도록 하였다.
독서 포토폴리오에서 책 광고하기와 같은 맥락으로 실
시하였다.

7) 독서 신문 만들기

책에 관한 학생들의 정보를 가장 많이 공유할 수 있
는 방법은 신문이라고 생각되어 독서 신문을 만들었
다. 그동안 여행 신문, 문화재 신문, 역사 신문 등 다양
한 신문 만들기 학습을 했기 때문에 독서 신문 만들기
는 비교적 쉽게 접근을 할 수 있다. 독서 신문에 들어
가야 할 요소로는 다양한 독후감 양식(독후감, 독서 감
상화, 책의 주인공에게 편지쓰기, 책의 주인공 인터뷰
하기, 책의 지은이에게 편지 쓰기, 동시로 나타내기 등)
과 함께 독서 퀴즈 문제, 책 소개하기, 책 광고하기, 책
의 겉표지 꾸미기 등 여러 가지 요소를 선택하여 모둠
별로 독서 신문을 구성하도록 하였다. 독서 신문을 만

[그림 3-1-07] 독서 신문

든 후에는 반드시 독서 신문 평가를 하였다. 대부분의 학습에 있어서는 독서 신문을 만드
는 것으로 끝나지만, 학생들끼리 서로 신문을 돌려 읽고 우수 제작 모둠에게는 스티커를
붙여줌으로써 다른 모둠의 신문 읽는 기회를 제공하였다.

8) 좋은 책 소개하기

[그림 3-1-08] 좋은 책 소개하기

학생들이 직접 구입하거나 감명 깊게 읽은 책, 또는 다른 친구들이 꼭 읽기를 바라는 책을 소개하는 코너이다. 제목과 저자, 출판사 등을 간단히 소개한 후, 내용과 교훈 및 감동의 글이나 가장 인상 깊었던 점, 자기에 도움이 된 점을 구체적으로 소개하였다. 서점에 가서 책을 고르는 데 유용한 정보를 제공함으로써 친구들끼리 좋은 책을 돌려 읽는 장점들이 있었다.

3. 연결 유형 활동

꿀맛 닷컴 사이트의 '경일 603 독서 교실'에 가입하여 온라인 독서 활동을 하도록 지도하였다. 독후감 모음에 독서 감상문 올리기, 독서 퀴즈, 독서 논술, 국어 및 사회 교과의 온라인 가정학습, 교사와의 상담, 자료실 등에 각종 개인 자료를 올리는 연결 활동을 수행하였다.

1) 독후감 모음

독후감을 써서 개인 파일로도 정리하였지만, 온라인 독후감을 직접 써보도록 지도하였더니 의외로 온라인 독후 활동을 선호하는 학생들이 많았다. 특히 글쓰기를 싫어하는 학생들에게는 온라인 독후감 모음 글에 직접 탑재하도록 하였다. 연구 결과 평소에 면대면 학습에서 글쓰기를 좋아하는 학생의 글이 온라인 독후감 쓰기에서도 훨씬 내용이 많고 작품의 질(質)도 높게 나타났다. 교사는 학생의 글에 덧글을 남겼으며, 학생들은 직접 본

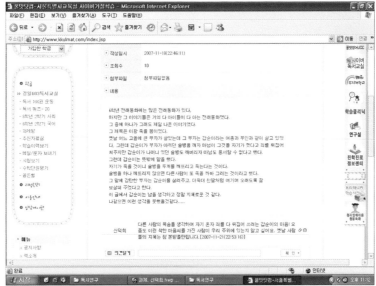

[그림 3-1-09] 독후감 모음

인이 올린 글과 함께 여러 친구들의 글을 읽은 후 소감을 남기게 함으로써 학생들끼리 서로 도움이 되었다.

2) 독서 퀴즈

책을 읽고 난 후 내용을 오래 기억하기 위하여 독서 퀴즈를 실시하였다. 오프라인 수업에서는 도전 골든 벨 형식으로 독서퀴즈를 진행하지만, 온라인 수업에서는 학생이 문제를 내고 답안지를 제출하는 방식으로 퀴즈를 진행하였다. 가장 일반적인 방법은 자기가 읽은 책 가운데에서 문제를 낸 후 답안을 숨기도록 하였다. 대회가 아닌 연습용 퀴즈 문제는 답안을 드래그하면 보일 수 있도록 살짝 숨긴 채로 문제를 출제하는 등 보다 다양한 방법으로 진행하였다.

[그림 3-1-10] 독서 퀴즈

3) 독서 논술

필독 도서와 권장 도서를 읽고 모둠별로 독서 토론을 수행한 후, 책 속에서 주제를 잡아 논술로 쓰게 하였다. 논술지도는 평소에 꾸준히 실행함으로써 글쓰기 능력이 신장되고 논리적인 사고력도 증진될 수 있다. 친구들이 올린 글을 읽고 수정해야 할 점과 좋은 점 또는 잘된 점 등을 덧글로 적어봄으로써 학생 각자의 논술 능력 향상을 도모하였다.

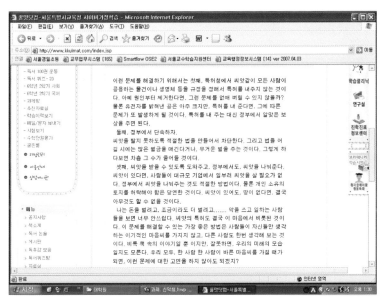

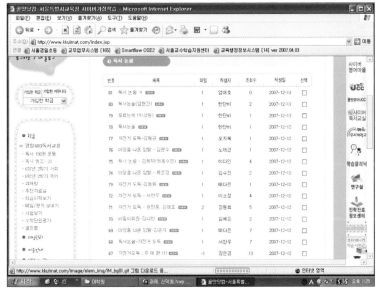

[그림 3-1-11] 독서 논술

4) 독서 토론

토론 주제를 올려놓은 후 학생들과 교실에서 토론을 진행하면서 마무리하지 못한 내용은 온라인에서 계속 진행할 수 있으며, 미리 주제를 정해 주어 토론하였다. 6학년 학생의 경우에는 방과 후 학원을 가야 하며 과제도 수행해야 하기 때문에 독서 토론이 활성화되지 못하였지만, 방과 후 시간이 많은 학생들의 경우에는 보다 많이 이용할 수 있었다.

[그림 3-1-12] 독서 토론방

5) 국어와 사회 교과의 온라인 가정학습

6학년 2학기의 국어와 사회 교과의 온라인 가정 학습 자료를 탑재함으로써 학생들이 틈틈이 교과 학습 단원을 학습할 수 있도록 하였다. 학습 내용은 차시별로 구성되어 있기 때문에 학교에서 수업한 내용을 가정에서 복습과 예습이 가능하여 유익하게 이용할 수 있었다.

[그림 3-1-13] 국어 온라인 가정학습

6) 교사와의 상담

교사와 평소에 하고 싶었던 말이나 친구 문제, 성적 문제, 이성 문제 등 상담이 필요한 학생과 대화를 할 수 있는 공간이다. 비공개라서 다른 친구들이 볼 수 없고, 글뿐만 아니라 음성을 녹음하여 올릴 수 있으므로 자신의 심정에 따라 알맞은 형태로 상담을 요청할 수 있다.

[그림 3-1-14] 상담 게시판

7) 자료실에 각종 개인 자료 올리기

자료실에 개인 과제, 조별 과제, 독서와 관련된 어떤 것이라도 올릴 수 있어 학생들이 유용하게 활용할 수 있는 학습 공간이다. 특히, 과제를 제출하거나 발표 자료를 개인 또는 모둠별로 탑재하여 학생들끼리 협력 학습이 가능한 공간이다.

[그림 3-1-15] 자료실

8) 디지털 도서관과 전자책 도서관

학교 홈페이지에 접속하여 디지털 도서관과 전자책 도서관에 들어가면 많은 전자책이 있다. 책을 대여할 뿐만 아니라 다양한 독서 지식과 독후 활동을 할 수 있다.

[그림 3-1-16] 디지털 도서관과 전자책 도서관

Ⅲ. 결 론

블렌디드 러닝은 21세기 정보화 시대에 있어 꼭 필요한 학습방법 가운데 하나라고 생각한다. 교실에서의 면대면 수업의 한계 상황을 극복할 수 있고 온라인 수업이 갖는 단점도 해결할 수 있다. 특히, 독서 교육은 가정과 학교 모두가 관심을 갖고 지도해야 할 영역이다. 학교에서는 시간이 부족하고 가정에서는 부모님의 지도가 부족한 실정에서 블렌디드 러닝을 활용한 독서 지도는 이러한 문제점을 상당 부분 보충할 수 있었다. 학교에서 열심히 공부하는 학생이 온라인에서도 열심히 학습할 뿐 아니라, 독서 또한 열심히 하는 학생이 독후 활동도 열심히 하고 있었다. 블렌디드 러닝은 앞으로 더욱 연구되고 계속 발전되어야 할 학습방법으로서 많은 분야에서 유용하게 쓰일 것으로 기대된다. 특히 독서 교육에 있어서는 매우 중요한 학습방법으로 많은 개발과 연구가 필요하다. 유비쿼터스 시대가 도래하면서 가정에서의 온라인 학습은 학생의 내적 동기와 함께 외적 동기가 지속적으로 확대될 수 있도록 교사의 꾸준한 동기 부여가 큰 관건이라고 할 수 있다.

제2장 고등학교의 사례

☑ 학습 활동 유형별 온라인 자료 탐구

본 사례는 온라인 학습 환경에서 고등학교 학생들을 대상으로 흡수, 실행, 연결 활동에 대한 고찰과 함께 각각의 학습 활동에 대한 예시를 찾아 탐구하는데 목적이 있다. 이러한 학습 활동 유형별 온라인 자료 탐구 수업은 유형별로 적당한 예시 자료를 탐색하고 강의 내용과 연결시키는 구체적인 활동을 통해 명확하게 학습 내용을 재확인하는 기회가 되었다.

Ⅰ. 연구의 필요성

현대 사회는 지식의 기하급수적인 팽창으로 인해 지식의 빈익빈, 부익부 현상이 날로 심각해지고 있다. 어제의 지식이 낡은 지식으로 쓰레기통으로 버려지기도 하고 발 빠르게 여기저기서 필요한 지식을 흡수하지 않으면, 빠르게 변화하는 시대에 따라가지 못하는 것이 현실이다. 이처럼 늘어나는 지식과 정보의 홍수 속에서 배운다는 것은 일의 또 다른 형태가 될 것이며, 평생 교육이라는 것이 삶의 당연한 모습으로 자리 잡고 있다. 이러한 현실 속에서 한 단계 높은 지식들을 원하는 시간에, 원하는 장소에서 접할 수 있는 e-Learning의 필요성은 더욱 요구되고 있다. 학습자의 나이와 시간, 상황에 구애받지 않는 탄력적인 학습 모형으로서의 e-Learning은 이러한 사회적, 시대적 요구에 부응하는 학습 형태이다. 이와 함께 국제화 시대에 부응하는 다 민족 교육의 필요성으로 인해 민족 간의 지리적 독립성이라는 장애를 뛰어 넘는 학습 형태로서 각광을 받고 있다.

학습목표 선정을 위해서는 좋은 학습 목표의 세 가지 요건인 명료성(clear), 정밀성(precise), 가치성(worthy)을 갖추어야 한다. 명료성(clear)은 학습 목표가 명확한 것을 뜻하며, 정밀성(precise)은 학습 목표가 구체적이고 정확하고 행동 가능한 표현으로 기술되어야 한다는 것을 의미한다. 가치성은(worthy)은 학습 목표가 가치 있는 것을 뜻한다. 학습목표의 선정은 위계성의 관점에서 세 가지로 구분하여 볼 수 있다. 첫째, Bottom up 방식으로서 이는 학습자가 선행 조건을 요구하기 전에 미리 필요한 주제를 가르치도록 학습 목표를 선정하는 것이다. 둘째, Top down 방식은 학습자가 선행 조건을 갖추고 있다고 가정하고 필요한 주제에 접근하도록 학습 목표를 선정하는 것이다. 셋째, Sideways 방식은 학습자가 자유롭게 주제를 살펴보고 사전 관찰 등을 통해 학습자 스스로 어떠한 원리나 규칙 등을 발견하도록 학습 목표를 선정하는 것이다. 이러한 학습 목표의 선정 후에는 선정된 학습 목표를 달성하기 위해 유형별로 흡수 활동, 실행활동, 연결 활동으로 수행할 필요가 있다. 이러한 세 가지 활동은 직선형의 과정이 아닌 순환적인 과정으로서, e-Learning 설계가 평탄하고 직선적인 경로를 따르지 않는 비선형 설계인 것을 의미한다.

본 연구는 e-Learning의 교수설계에 있어서 학습 목표의 선정 후에 이를 달성하기 위해 이루어지는 흡수, 실행, 연결 활동에 대한 고찰과 함께 각각의 학습 활동에 대한 예시를 찾아 탐구하는 데 목적이 있다.

Ⅱ. 연구 내용

1. 흡수 활동 유형

흡수 활동은 순수한 정보나 지식에 관한 것으로서 정보로부터 지식을 이해하고 얻으려는 학습자들의 행동과 정보들로 구성된다. 이 활동에서는 학습자가 수동적으로 정보나 지식을 수용하는 것처럼 보이지만, 실제로는 주어지는 정보나 지식을 이해하고 재구성하는 능동적인 활동으로 볼 수 있다. 이러한 흡수 활동은 학습자들의 동기를 유발시키는 데 가장 좋은 활동이다. 흡수 활동의 유형에는 학습자들이 설명이나 podcast 등을 듣거나 시범이나 슬라이드 쇼 등을 보는 것이 있다. 이는 주로 감각 기관을 통해 제공되는 자료를 수용하는 발표 활동, 학습 주제에 관한 것을 교사가 말하면서 학습자를 연결하고 이러한 과정을 통해 지식을 공유하는 이야기 공유 활동, 학습자들이 온라인으로 제공되는 text나 문서를 읽는 독서활동, 그리고 학습자들이 박물관이나 역사 사이트, 예제와 관련된 장소를 방문하여 지식을 습득하는 현장 견학 활동 등이 해당된다. 여기서는 흡수 활동 유형 가운데 현장 견학 활동에 대해 알아보고자 한다. 현장 견학 활동은 온라인 여행을 통해 흥미를 유발하는 교육 방법으로서 유적지나 공원, 전투 지역, 동물원, 온실, 고고학 무덤, 식물원등 시간과 지리·경제적인 제한으로 인해 학습자가 직접 방문하기 어려운 장소를 온라인을 통해 견학하는 활동이다. 다음의 화면들은 한국과학기술정보연구원(KISTI)에서 개발한 가상 과학박물관 사이트의 화면을 캡처한 것이다(http://vsm.kisti.re.kr). 가상 과학박물관은 패류 전시관, 생물 다양성관, 화석 박물관, 천문 우주관, 농업 박물관 등 총 다섯 개의 메인 전시관이 있으며, 각각의 전시관은 소규모의 다양한 전시실과 자료들로 구성되어 있다. 아래 화면은 가상 과학박물관의 첫 화면이며, 오른쪽 사각형 안쪽의 전시관 명칭을 클릭하면 곧바로 관련 전시관으로 이동할 수 있다.

[그림 3-2-01] 우리나라 가상 박물관의 예

다음은 패류 박물관 화면이며, 이곳에서는 다양한 종류의 패류의 생김새와 설명을 볼 수 있도록 구성되어 있다.

[그림 3-2-02] 우리나라 패류 박물관의 화면

다음은 생물 다양성관이다. 식물을 용도에 따라 구분하였으며, 각각의 용도별 식물을 클릭하면 용도에 알맞은 식물에 관한 사진과 설명을 볼 수 있다.

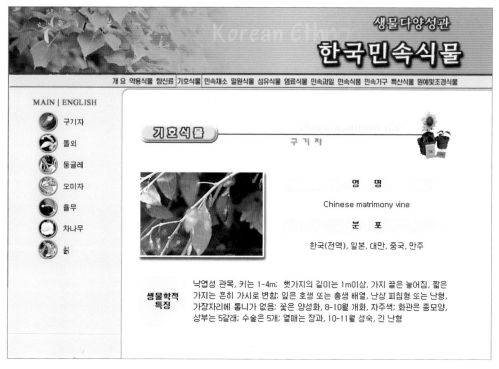

[그림 3-2-03] 우리나라 생물 다양성관의 화면

다음 화면은 화석 박물관이다. 이곳에서는 화석에 대한 소개와 지구의 역사 등 다양하고 심도 있는 자료들로 구성되어 있으며, 각각을 클릭하면 자세한 설명과 사진을 볼 수 있다.

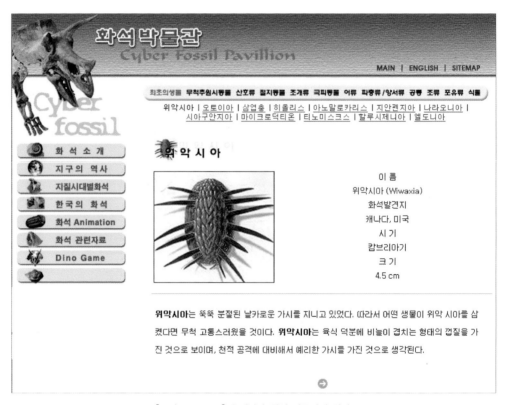

[그림 3-2-04] 우리나라 화석 박물관의 화면

다음은 천문 우주관이다. Cosmo Player라는 프로그램을 설치하면 애니메이션을 통한 우주탐험을 할 수 있도록 되어 있다.

[그림 3-2-05] 우리나라 천문 우주관의 화면

다음은 농업 박물관으로 농가 월령관, 농업 생활관, 농업 역사관, 계절별 농기구에 대한 것들로 구성되어 있다.

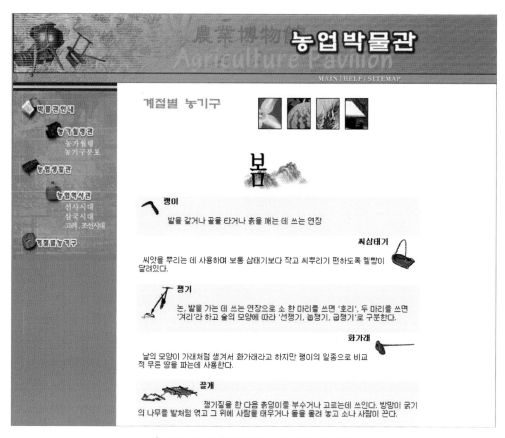

[그림 3-2-06] 우리나라 농업 박물관의 화면

☞ 해설

이 사이트는 한 사이트에서 패류, 화석, 식물, 천체, 농업의 역사 등을 모두 둘러볼 수 있도록 구성되어 있어 다양한 견학을 할 수 있다는 것이 매력적이다. 이처럼 현장 견학 활동은 다양한 실례를 가상 체험하면서 학습 경로(관람경로)를 학습자가 스스로 결정할 수 있으며, 관련 사례나 자료들을 관람을 통해 직접 수집하고 비교·분석할 수 있는 장점이 있다.

2. 실행 활동 유형

실행 활동은 지식을 읽고 보는 것에서 나아가 학습자 스스로 선택하고 창조하는 활동이다. 이는 수동적인 활동에서 능동적인 활동으로 옮겨가는 과정을 의미한다. 흡수 활동이 정보를 제공하는 것이 주목적이지만, 실행 활동은 발견, 해독, 분석, 확인, 결합, 조직, 토론, 논쟁, 평가, 요약, 정련, 정교화, 적용 등과 같이 정보를 내면화된 지식과 기술로 변형시키는 구체적인 활동이라고 볼 수 있다. 이러한 실행 활동의 유형으로는 학습자에게 정보나 지식, 기술을 적용할 수 있는 경험을 제공하는 실습 활동, 학습자의 발견을 유도하는 발견 활동, 학습자가 학습 과제를 직접 시도해 보도록 하는 게임과 시뮬레이션 활동이 있다. 학습자들은 학습 시간의 1/2을 실행 활동으로 보내는 것이 바람직한데, 이는 실행 활동이 지식을 내면화하고 재구조화하는 구체적인 실행단계이기 때문이다. 실습 활동은 학습자를 강화하고 피드백을 적용함으로써 학습자의 기술이나 지식 및 태도가 세련된다. 또한, 과제에 대한 연습 기회를 제공함으로써 학습자에게 학습 적용력을 키워 자신감을 주거나, 낮은 수준의 지식이나 기술을 적용하고자 할 때 적합하다. 발견 활동은 학습자의 호기심을 자극하거나 탐구를 통해 실제적인 지식을 습득하는 것으로서, 학습자 자신이 새로운 아이디어를 발견하도록 안내해야 한다. 이때 학습자들은 시행착오를 겪을 수 있다. 탐구학습을 할 때나 통찰적인 학습의 기회로써 원리를 가르칠 때, 주제에 관한 호기심을 자극할 때 이러한 발견 활동이 유용하다. 게임과 시뮬레이션 활동은 학습자가 놀이를 하면서 학습하는 유형이며, 재미와 목적이 함께 공존하는 활동이다. 게임과 시뮬레이션은 실제적인 과제를 진행하며, 지식이나 원리의 적용과 추론이 용이하고 모형 및 질문을 신속히 제공한다는 장점이 있다. 여기서는 게임 활동에 해당하는 아리수 사이트를 소개한다 (http://www.arisu.co.kr).

다음 화면에서 한글 탐정, 국어 탐정, 수학 탐정의 세 가지 교육과정이 있다. 처음에는 설문을 통해 학습하는 아동에게 적합한 과정을 제시해 준다. 과정별로는 단계가 세분화되어 있기 때문에 난이도가 낮은 단계부터 시작하며, 이전 단계를 완료해야 다음 단계로의 진행이 가능하다.

[그림 3-2-07] 게임 활동을 위한 아리수 사이트의 초기 화면

이 화면은 한글탐정 화면으로 위쪽에 있는 기본학습, 음절학습, 음가학습, 자모학습, 심화학습의 다섯 단계로 구성되어있으며, 난이도에 따라 각각 다르게 제시하고 있는 것을 볼 수 있다. 화면에서 아이콘 **1**는 각각의 단계를 의미한다. 즉 1단계에 해당하는 기본 학습은 장난감 찾기, 동물 찾기, 기찻길 만들기, 기차놀이, 머리어깨무릎, 나처럼 해봐요 등의 여섯 가지의 게임으로 이루어져 있으며, 아동이 원하는 게임을 선택할 수 있을 뿐 아니라 일정 수준에 이르면 2단계로의 진행이 가능하다.

[그림 3-2-08] 단계별 화면의 예

　'나처럼 해봐요' 코너에서는 한글을 시작하는 아동들에게 자음의 모양을 파악할 수 있도록 구성된 게임이다. 'ㄴ' 옆에서 제시된 글자와 같은 동작을 취하고 있는 사람과 똑같은 동작을 취하고 있는 사람을 마우스를 클릭하여 찾는 활동이며, 학습자가 제대로 찾으면 "오~예"와 같은 음성이 제공되며 재미있는 동작도 볼 수 있다.

[그림 3-2-09] 나처럼 해봐요 코너 화면

☞ **해설**

세 달에 7만 원인가 하는 좀 비싸다 싶은 교육비를 내고 시간이 나는 틈틈이 다섯 살 난 딸아이와 함께 한글 공부를 해보았는데, 단계별로 잘 짜여진 교육 과정도 좋고 화면구성도 좋아 딸아이가 아주 흥미 있어 했다. 게임 한두 개로는 성에 안 차서 조금씩 앉아 있는 시간이 늘다 보니까 눈을 잔뜩 찡그리고 화면을 보는 것이 시력을 걱정하게 할 정도로 딸아이가 푹 빠졌던 사이트인데, 지금도 간간히 또 하자고 조른다. 이처럼 학습 흥미의 측면과 좋은 구성에서 높은 점수를 주고 싶은 사이트이다.

3. 연결 활동 유형

연결 활동은 이미 학습된 것들을 학습하려는 것과 통합시키는 것을 의미하며, 이는 활동의 목적에 따라 연결 활동의 여부를 구분할 수 있다. 새로운 것을 가르치는 것이 목적이라면 흡수 또는 실행 활동이지만, 연결이나 학습 응용을 위한 것이라면 연결 활동이라고 보면 된다. 연결 활동의 유형으로는 학습자가 주제에 관해 넓게 사고하도록 요구하는 브레인스토밍, 요약 학습, 평가와 같은 숙고 활동, 용어 해석, 계산기, 전자 상담 등을 통해 학습자의 과제 해결을 돕는 직무보조 활동이나, 정보의 출처 및 발견에 관한 것들을 학습자에게 요구하는 연구 활동, 실제적인 작업과 함께 비판이나 판단, 독창성 및 기발함을 요구하는 독창적인 작업 활동이 있다.

숙고 활동은 학습자가 학습하는 것에 대해 더욱 깊고 넓게 생각해 보도록 제공하는 것으로서, 교실 수업에서 교사가 수업의 진행을 잠시 멈추고 학습자들의 주의를 환기시켜 새롭게 주제를 생각해 보도록 하는 활동이다. 직무 보조 활동은 학습자들이 실제 과제 해결을 위해 기술과 지식을 적용하는 데 도움을 제공하는 것으로서, 학습을 지원하고 대체하기 위해 필요한 활동이다. 체크리스트, 요약 참조, 용어 풀이를 위한 소사전, 계산기, 전자 상담과 같은 도구나 방법적인 제공 등을 직무 보조 활동으로 볼 수 있다. 연구 활동은 학습자에게 정보를 수집하고 분석 및 보고하는 것을 가르치는 활동이며, 학습자의 적극적이고 능동적인 자세와 높은 지적 능력과 함께 창의성이 요구된다. 독창적인 작업 활동은 어떠한 프로젝트에 학습을 적용시키는 것으로서, 학습자들이 실제적인 문제를 풀고 해결책을 찾는 활동이다. 여기서는 직무 보조 활동의 유형 가운데 연구자가 근무하고 있는 학교의 홈페이지에서 학생들을 대상으로 제공하고 있는 '학습 마당'이라는 공부방의 사전과 검색기능을 소개하고자 한다.

다음 화면은 학교 홈페이지(http://www.gapyong.hs.kr/)의 학습 마당에 제시되어 있는 모둠 사전 화면이다. 그림에서는 화면이 너무 길어서 두 개로 분할하여 캡처한 것이다. 이 모둠 사전은 야후, 네이버, 엠파스 등 학습자들이 주로 많이 사용하는 검색엔진으로서 곧바로 이동할 수 있으며, 다양한 사전 기능을 제공하여 별도의 다른 사전에 대한 검색 작업이 필요 없다. 학습자들의 학습 마당에서 제공된 자료를 통해 학습자가 학습도중 용어의 검색을 즉각적으로 수행함으로써 다른 자료의 검색을 위해 새 창을 열어 브라우저를 실행하지 않아도 되는 편리성을 갖추고 있다.

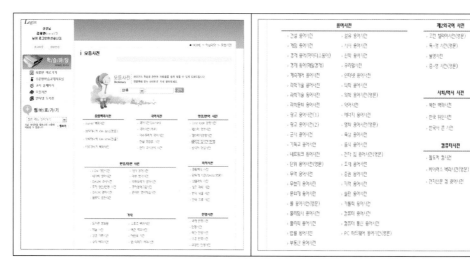

[그림 3-2-10] 연결 활동의 예

> ☞ **해설**
> 이러한 연결 활동의 목적은 학습의 응용력 향상에 있으며, 전체 학습시간 중 10% 정도를 할애하면 좋다. 교수자는 연결 활동을 통해 학습자가 배운 것을 적용할 수 있도록 하고 효과적인 연결 활동을 위해 학습자가 무엇을 연결하고 싶어 하는지 인식을 명확히 할 필요가 있다.

Ⅲ. 결 론

지금까지 살펴본 바와 같이 흡수 활동, 실행활동, 연결 활동은 학습 목표 달성을 위한 학습 활동 유형이다. 이는 온라인 학습기반에서 비교적 잘 구현되고 있으며, 해당 사례를 찾는 작업도 어렵지 않았다. 중요한 것은 학습 목표에 맞는 각 활동 유형별 자료들을 미리 탐색하여 면밀히 비교·평가하는 과정을 통해 학습 목표 달성에 더욱 유용하고 효과적인 자료를 선별하는 것이라 생각된다. 세 가지 학습활동에 관한 유형별 온라인 자료의 탐구를 통해 유형별로 적당한 예시 자료들을 탐색하고, 강의 내용과 연결시키는 구체적인 활동을 통해 그동안 명확하게 이해하지 못했던 내용을 재확인하고 새롭게 학습하는 기회가 되었다.

제3장 기독교 학교의 사례

☑ 기독교 학교 종교 수업의 이러닝 연계 심화학습 연구

본 사례는 온라인 학습 환경에서 기독교 학교 종교 수업의 이러닝 연계 심화학습에 관해 적용한 것이다. 학생들이 흡수, 실행, 연결 활동을 통해 문화적, 사회적 경험을 하게 되었으며, 이는 교실 수업의 일부 활동을 이러닝으로 대체하여 심화학습이 가능한 다양한 방법으로 적용하는 기회가 되었다.

Ⅰ. 연구의 필요성

1. 교육과정 개편에 따른 기독교 학교 정체성 상실

한국교회 초창기 시절부터 현재까지 우리나라에 설립된 개신교 사립중등학교는 285개교인 것으로 조사되었다. 이는 국내 전체 1,598개 사립 중등학교의 17.8%의 비율이며, 종교계 사립 중등학교 전체수 432개 학교의 67.4%를 차지[16]하는 것으로 개신교가 학원 복음화를 위해 타 종교보다 많은 노력과 관심을 기울여 왔음을 알 수 있다.

기독교 학교의 설립목적은 청소년시절부터 기독교 신앙과 믿음 안에서 성경의 진리에 입각해 바르게 성장할 수 있도록 교육시킴으로써, 차세대 이 민족과 사회를 앞장서 이끌어나갈 리더로서 또 사회 곳곳에서 하나님 나라를 확장해 나가는 하나님의 일꾼으로 키

---

16) 교육인적자원부, 『종교교육개선방안』, 2006, 12월호, p.49.

워나가기 위함이라고 본다. 그러나 정부 교육정책에 따라 여러 차례에 걸친 교육과정 개편에 의해 기독교 교육 현장은 여러 가지 변화를 겪게 되었다. 그 변화 과정을 살펴보면, 1974년 제3차 교육 과정 개편 이후 고교 평준화가 실시되면서 학생 선발권을 학교가 갖지 못하게 됨으로써 시작되었다. 즉, 학부모나 학생의 학교 선택권 제한과 강제 학교 배정에 따른 학생들의 종교의 자유에 대한 침해, 종교계 사립학교가 지닌 독자적인 교육철학과 교육방법론 측면에서의 자율성 축소라는 부정적 요인이 마련되었던 것이다.

1981년 제4차 교육과정 이후에는 종교라는 이름으로 교육과정에 정식으로 편성되면서 종교교사를 채용해 성경이 아닌 '종교'[17]를 가르치게 되었다. 그 후 제7차 교육과정에서는 "학교가 종교 과목을 부과할 때는 종교 이외의 과목을 포함, 복수로 과목을 편성하여 학생에게 선택의 기회를 주어야 한다"라는 종교 교육관련 지침을 제시함으로써 공립학교에서 종교 과목을 임의로 운영할 수 없도록 여러 제재가 강화되었다. 이러한 상황으로 인해 기독교학교의 종교 교육의 자유와 학생(Not Yet Christian)의 종교의 자유가 대립하게 되었고, 이러한 문제가 대광 고등학교에서 학생이 종교의 자유를 외치며 예배금지를 주장하는 사태로 발전하는 등 학교 교육에서 기독교 교육의 문제가 심각하게 부각되고 있는 현실에 이르렀다. 결국 이러한 상황은 기독교 학교의 정체성마저 무너뜨리는 상황에 이르게 된 결과를 낳게 된 것이다.

2. 통합된 전인교육으로서의 기독교 학교교육에 대한 인식 필요

기독교 학교란 단순히 기독교 정신이 학교 교육목적에 깃들어 있다거나 교육과정 속에 예배와 성경공부가 포함되어 있다는 것만으로 일반 학교와 구별되기보다는, 학교 교육의 모든 영역에 있어서 기독교적 정신과 가치관이 스며들어 있는 즉, 기독교와 학교가 분리되지 않고 서로 통합되어있는 학교를 의미한다.

박상진[18]은 진정한 의미에서 기독교 학교의 정체성은 기독교적인 건학 정신에 의해 설립되고 교회와 행정적으로 관련되어있을 뿐만 아니라 기독교적인 관점과 가치관이 모든 학교 조직과 활동, 교육내용 속에 스며들고 예배나 성경시간을 통한 학원 복음화만이 아

---

17) 고등학교 종교 과목의 국가 교육과정에서는 6개의 교육목표가 제시되어 있는데, 이 중 5개 교육목표는 종교 사회에서 종교 간의 상호이해와 공존에 관한 것이고 마지막 하나의 교육목표가 "특정 종교의 경전과 교리 및 역사를 배우고 익혀서 각자의 신앙심을 키우는 것"으로 되어 있다.(교육인적자원부, 1997)

18) 박상진, 『기독교학교의 정체성』, 2005, 교육교회 9월호, p.5.

니라 각 교과내용이나 교육방법, 학생상담 등이 기독교적인 관점에서 이루어지는 통합모델에서 찾을 수 있다고 주장하였다. 기독교 교육의 목적은 온전한 그리스도인을 세우는 것이다. 성경공부나 예배가 학교 교육과 분리되지 않고 그리스도인으로서 성숙된 인격을 가질 수 있도록 하는 전인교육으로 나아가기 위해서는 현재의 기독교 학교에서 실시되고 있는 종교 수업방식에서 벗어나, 학습자의 일상생활 가운데 깊이 들어가 자연스럽게 학생들이 체득할 수 있는 교육적 시도가 연구되고 개발되어야만 기독교 학교 본래 의도를 다시 살려나갈 수 있다고 본다. 21세기 교회 학교나 기독교 학교는 청소년들에게 새로운 교육의 장을 마련하기 위해 더욱 전문적으로 기획하고 구체적으로 추진해야 하는 과제를 안고 있다.

바우만(Bowman)은 "교회 학교 안에는 시한폭탄이 하나 있는데, 그것은 바로 훈련된 교사의 부족이다"[19]라고 말했을 만큼 교회학교의 성패는 교사의 훈련에 의해 결정됨을 강조한다. 이는 기독교 학교 교사에게도 그대로 적용된다고 볼 수 있다. 한때, 세상 문화를 선도했던 교회가 이제는 세상문화에 뒤쳐져서 청소년들이 교회를 찾지 않는 현실을 보면서 기독교 학교 또한 제한된 시간 안에서 선택과목으로서 종교수업을 하는 것이 전부인 그 한계에 대해 기독교 학교가 위기와 어려움을 논하는 것으로 그쳐서는 안 될 것이라고 본다. 교사 개개인이 가르치는 교과목 안에 기독교 세계관을 심어줄 수 있도록 학습방법을 고민하고 연구하고 학생들의 문화 가운데 하나인 인터넷이라는 가상세계 속으로 들어가 학생들을 신앙 안에서 성장할 수 있도록 새로운 대안을 고민하면서 기독교 학교 정체성을 살려 우리만의 새로운 학습방법을 만들어 나가야 할 것이다.

이에 본 연구에서는 우선 종교 수업의 온라인 연계를 통해 다양한 학습 모델을 제시해 보고자 한다. 오프라인 종교 수업을 심화학습 차원에서 온라인과 연계해 봄으로써 제한된 시간에서 벗어나 언제, 어디서든지 학생들이 좀더 자유롭게 접근하고 비록 개신교 학생이 아니더라도 성경의 진리에 거부감을 느끼지 않고 자연스럽게 양육받을 수 있도록 유도하면서, 앞서 거론된 현재 기독교 학교가 안고 있는 어려움과 문제점을 보안할 수 있는 또 하나의 대안으로서 제시해 보고자 한다.

---

19) Locke E. Bowman, L, E(1977), Straight Talk About Teaching in Today's Church, Philadelphia: The Westminster Press, p.14.

Ⅱ. 연구 내용

1. 교수 · 학습 계획서

기독교 고등학교에서 매주 실시되는 교과목 중에 종교 수업의 1차시 학습 지도안을 토대로 이를 온라인 학습으로 연계하기 위한 교수·학습 계획서를 작성해 보면 아래의 <표 3-3-01>과 같다.

〈표 3-3-01〉 종교 교과 교수 · 학습 계획서

단원명	관계의 회복	
과정	오프라인	온라인
학습 목표	① 하나님께서 인간을 관계적 존재로 창조하셨음을 안다. ② 인간의 죄로 모든 관계의 깨어짐과 단절이 발생했고 인생의 문제가 그 관계의 단절로 인해 시작되었음을 안다. ③ 깨어진 관계 회복을 위해 예수님이 오셨고 그분을 통해 모든 관계가 회복될 수 있음을 안다. ④ 예수 그리스도를 통한 관계의 회복을 위해 노력하는 삶을 산다.	① 인간과 인간, 자연과 인간, 하나님과 인간과의 관계성과 단절의 원인을 안다. ② 의사소통 기술을 익혀 대인관계에서 발생하는 문제를 해결하도록 한다. ③ 우리의 삶 가운데 겪게 되는 문제를 예수 그리스도를 통한 관계의 회복으로 해결할 수 있도록 한다.
도입	① 다트 게임 -부서(반)별 대표를 뽑아 다트 게임을 한 후 과녁에 정확히 맞춘 학생과 그 그룹에 선물을 준다. -인생도 바른 인생의 목적에 맞추어질 때 승리하는 인생이 됨을 이야기한다.	① 실화를 소재로 한 영화를 보여주고 주인공의 대인관계에 있어서의 문제와 회복 과정에 대해 이야기를 공유한다.
전개	① 하나님의 선한 창조 -창세기 1~2장 말씀을 보며 하나님의 선한 창조에 대해 설명한다. -하나님은 인간을 관계적 존재(하나님과 인간, 인간과 인간, 자연과 인간)로 창조하셨다. -창조세계에 대한 하나님의 평가 ② 창조의 질서와 관계의 파괴 -선악과 사건 -죄의 결과로 관계가 깨어지고 단절됨 -오늘날 우리 인생의 문제(개인, 가정, 학교, 교회, 사회)는 죄로 인한 관계의 깨어짐과 단절에서 옴을 이야기한다. : 어떻게 이 관계를 회복할 수 있을까? ③ 관계의 회복 -깨어진 관계 회복을 위해 오신 분이 예수 그리스도임을 이야기한다. -예수님의 사역에 있어서 관계 회복을 설명한다. -예수님은 십자가에서 대 속죄물로 관계의 회복을 이루셨다. -신앙생활은 예수 그리스도를 통한 관계 회복의 삶임을 이야기한다.	① 대인관계 의사소통 기술 -역할극 시나리오를 통해 다른 사람들과 대화할 때 자신의 대화 패턴을 파악하고 이에 대해 서로 생각을 나눈다. ② 관계성 찾기 -사람과 사람, 자연과 사람, 하나님과 사람 사이의 관계성을 우리 주변 가운데서 찾아보고 관계성에 대한 개념 정립과 회복 방안에 대해 스스로 찾고 정리한다.

| 정리 및 평가 | ① 학습 내용 정리
－하나님은 세상을 선하게 창조하셨다.
－인간이 죄로 인해 모든 관계가 단절되어 수많은 문제가 발생하였다.
－예수 그리스도는 깨어진 관계 회복을 위해 이 땅에 오셨고 관계의 회복을 위해 사역을 하셨다.
－관계의 회복을 위해 무엇을 할 것인가 다짐해 보고 기도로 수업을 마친다. | ① 자기성찰
－사람과의 관계에 있어서 나는 어떤 훈련이 필요한지, 본인이 반성해 볼 내용은 무엇인지 성찰한다.
② 친구 돌아보기
－친구에 대해 진심으로 알게 되면 관계를 회복할 수 있다.
－하나님의 우리를 향한 대가 없는 사랑을 깨닫는다.
－믿지 않는 친구들을 위해 기도하고 전도한다. |

교수·학습 계획서를 토대로 온라인 학습 과정 중에 흡수, 실행, 연결 활동을 어떤 방법으로 접목시킬지에 대한 전체적인 학습활동의 설계는 [그림 3－3－01]과 같다.

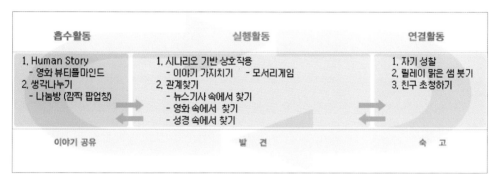

[그림 3-3-01] 온라인 학습활동 예시

학습목표를 달성하기 위한 흡수, 실행, 연결 활동은 계속 순환되는 과정으로서 온라인 학습활동에서 이 세 가지 유형의 학습활동을 어떻게 구체화할 수 있는지에 대해 설계해 보고자 한다.

2. 흡수 활동 유형

흡수 활동은 학습자들에게 정보를 제공하여 학습자들이 읽고 보고 듣는 과정 중에서 지식을 얻는 활동이다. 본 연구에서는 흡수 활동 유형 가운데 '이야기 공유'를 적용시켜 보고자 한다.

1) 이야기 나누기

이야기 나누기 영역에서는 1994년 노벨 경제학상을 수상했던 미국의 수학자 존 내쉬 (John Nash)의 인생 실화를 다룬 영화 "뷰티풀 마인드(A beautiful mind)"의 주요 장면을 편집하여 5분 이내로 보여준다. 저작권 문제로 그대로 영화를 제공할 수는 없으므로, 홍보용으로 제작된 예고편 파일을 연결시키거나 일부 주요 장면을 간단히 동영상 파일로 편집하여 보여준다. 종교 과목에 대해 관심을 갖지 못하는 학습자들에게도 학습 초기 주의 집중을 유도하고 학습자들이 관심을 갖는 영화를 통해 흥미를 유발시킬 수 있는 효과를 가져올 수 있다.

영화보기가 끝난 후, 교사는 해당 내용에 대한 줄거리를 이야기해 준다. 어려서부터 인정받은 천재성으로 1940년대 당시 최고의 두뇌들이 모이던 프린스턴 대학원에 진학한 실존 인물 존 내쉬. 20살의 어린 나이로 내쉬 균형이론을 발표하여 제2의 상대성이론이라는 극찬과 더불어 최고의 수학자라는 칭송을 들었던 그가 정신 질환을 겪는 과정. 그리고 그것을 극복하고 결국 그를 노벨상 수상자라는 학자로서는 최고의 명예를 얻게 되는 과정과 주인공이 명석한 두뇌의 소유자인 데 반해 친구들과 잘 어울리지 못하고 사회성이 떨어지며 대인관계에 어려움을 겪었던 내용을 이번 학습 주제와 관련지어 학습자들에게 이야기해 준다.

2) 생각 나누기

이 영역에서는 나눔방(깜짝 팝업창)에서 즉시적인 생각을 공유하기 위해 다음과 같이 진행하였다. 교사의 이야기가 끝난 후, 곧바로 깜짝 팝업창이 띄워진다(주의를 환기시킬 효과음이 제공되어도 좋음). 보고 들은 내용에 대해 학습자들은 자신의 생각을 '즉시적'으로 나눔 방이라는 게시판에 글로 표현한다. 학습자 본인이 주인공의 아내나 친구였다면 어떻게 행동했을까? 에 관하여 학습자들 간에 서로 이야기를 공유한다. 좋은 생각을 올린 글에 대해서는 추천을 할 수 있다. 추천을 받은 학습자는 활동 포인트 1점을 받게 된다. 이 포인트는 성적과는 별개로 다른 포상으로 이어질 수 있도록 연계한다. 해당 내용은 [그림 3-3-02]와 같이 개발될 수 있다.

▲ 온라인 강의실 화면

나눔방 팝업창 ▶

[그림 3-3-02] 흡수 활동 예시 화면

3. 실행 활동 유형

실행 활동은 단순히 지식을 수동적으로 받아들이는 것이 아니라 지식을 재창조해 나가는 과정이라고 볼 수 있다. 실행 활동의 몇 가지 유형 가운데 본 연구에서는 '발견'을 통한 학습을 전개해 보고자 한다.

1) 시나리오 기반 상호작용

관계성 가운데 사람과 사람사이의 대인관계에 대한 상황별 시나리오를 몇 가지 제시한후, 학습자들이 스스로 그 상황에서 평소 자신의 생각과 감정을 그대로 표현해 보도록 한다. 이러한 역할극 시나리오 기반 학습 환경은 상호작용을 유도하여 학습자들에게 의사소통

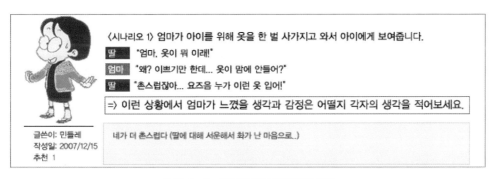

[그림 3-3-03] 이야기 가지치기의 예시

기술을 스스로 터득하게 하고 대인 관계 속에서 자신의 생각과 행동의 변화를 가져올 수 있도록 행동하는 데 도움을 준다. 응용해볼 수 있는 사례는 [그림 3-3-03] 이야기 가지치기와 [그림 3-3-04] 모서리 게임과 같은 방식이 될 수 있다.

[그림 3-3-03]에서는 제시된 시나리오를 본 후, 그 상황에서 엄마의 입장에서 보일 수 있는 반응을 온라인 메모장에 적어보고 그 이면에 숨겨진 엄마의 감정 또한 적어보도록 한다. 교사는 학습자들이 적은 내용에 대해 학습자 스스로 엄마가 무안하지 않게 마음을 위로해 주고 격려해 주는 대화가 왜 필요한지를 학습자 스스로 발견할 수 있도록 피드백을 해 준다.

이러한 과정이 끝난 후, [그림 3-3-04]와 같은 모서리 게임을 진행한다. 모서리 게임은 한 가지 상황별 시나리오를 주고 이에 대해 나올 수 있는 다양한 입장을 4가지 유형으로 분류하여 제시한다. 학습자가 4가지 유형 버튼 중에서 자신과 비슷한 의견이 제시된 버튼을 클릭하게 되면 해당 모서리에 캐릭터가 1개 생긴다. 제시된 유형 중 하나에 동의하게 된 이유가 무엇인지 10자 이내 의견을 덧붙인 후, 해당 버튼을 클릭하면 캐릭터에 풍선말로 붙여진다. 4가지 유형 중 어느 한 유형에 대해 버튼을 클릭할 때마다 해당 칸에 참여 비율이 자동으로 증가되어 표시되므로 학습자들 스스로 어느 의견에 집중되어 있는지, 그리고 문제는 무엇인지를 지적하고 발견할 수 있다.

[그림 3-3-04] 모서리 게임 예시

교사는 피드백 과정을 수행하게 되는데, [그림 3-3-04]와 같은 상황에서 친구의 문제에 특별히 해결책을 제시해 주기보다는 친구의 감정을 알아주고 느껴줄 때 스스로 친구가 문제를 해결해 나갈 수 있음을 이야기해 주고 내용을 다시 정리해 준다.

시나리오 기반 상호작용은 학습자들이 스스로 생각하고 의견을 나누어봄으로써, 대인관계에 있어서 의사소통 기술은 상대방의 이면에 숨겨져 있는 감정을 이해하고 자신의 생각과 해결책을 제시하기보다는 먼저 들어주고 공감해줄 때 더 깊은 대화를 나눌 수 있고, 이렇게 함으로써 사람 사이에 관계가 어떻게 형성될 수 있는지를 스스로 깨닫도록 하는 것이 목적이다.

2) 관계 찾기

시나리오기반의 개인별 학습이 완료되면 팀별 학습을 전개한다. 실생활이나 인터넷을 통해 사람과의 관계, 자연과 사람과의 관계, 하나님과 사람과의 관계와 관련된 내용을 찾아 각 팀별로 정리한 후, 팀장은 정리된 내용을 '팀 학습 게시판'에 올리도록 한다.

관계 찾기 방법은 다음과 같은 세 가지 유형을 제시한 후, 팀별로 과제를 부여하고 그룹 활동을 할 수 있도록 한다.

① 뉴스 기사 속에서 찾기: 인터넷에서 기사 내용을 찾아보도록 한다. 대인 관계 속에서 훈훈한 이야기 거리가 되었던 기사나 그 반대의 기사를 찾아 정리하도록 한다.

② 영화 속에서 찾기: 패치 아담스, 레이, 피아니스트, 예수와 같은 몇 가지 관련된 영화를 제시하고 그 영화 속에서 관계성을 살펴보고 정리하도록 한다.

③ 성경 속에서 찾기: 청소년을 위한 인터넷 성경 검색 사이트를 연결하여 성경 속에서 (창세기 중심) 관계된 말씀을 찾고 관련 성경인물에 대해서도 검색한 후, 관계 회복에 대해 정리해 보도록 한다. 각 팀별로 정리된 내용은 팀 학습 게시판에 올리고 학습자들은 다른 팀의 정리된 학습 내용을 보고나서 각자의 의견을 게시판에 올려 서로의 생각을 나눌 수 있도록 한다.

4. 연결 활동 유형

연결 활동이란 이미 알고 있는 내용이나 학습한 내용을 통합시키는 연결 고리 역할을 하는 것이라고 생각된다. 연결 활동으로는 숙고, 직무보조, 연구 활동 등 몇 가지 유형이 있는데, 이 가운데 본 연구에서는 '숙고' 유형을 적용해 보고자 한다.

1) 개인 학습 게시판을 활용한 자기성찰

본 단원의 주제인 관계의 회복에 대해 학습하고 토론한 내용을 토대로 학습자에게 '자기성찰'을 할 수 있는 공간을 마련해 주는 것이 무엇보다도 연결 활동으로 중요하다고 생각된다. 개인 학습 게시판은 개인별 과제를 위한 공간과 자기성찰, 묵상 나눔의 공간으로 분류되어 있으며, 학습자가 학습한 내용에 대해 개인의 의견을 제시하고 학습한 내용을 정리하고 내가 훈련하고 반성해야 할 점은 무엇인지에 관한 자기 자신 돌아보기 과정을 거칠 수 있도록 공간을 마련해 준다. 자기 성찰과 더불어 매일 큐티(Quiet Time)를 할 수 있도록 유도한다. 기독교인이 아닌 학습자라면 적용이 어려울 수도 있지만, 교사가 매일 큐티 자료를 제공하거나 온라인에서 동영상 큐티를 제공하는 홈페이지를 연결시키고 묵상 나눔을 할 수 있도록 묵상나눔터 게시판을 제공하고, 매일 말씀과 묵상을 통해 하나님과 좀더 깊이 대화할 수 있는 삶이 생활화될 수 있도록 이끌어준다.

2) 릴레이 맑은 샘 붓기

청소년이 대상인 학습자들에게 학습을 통해 배우고 경험한 내용을 토대로 각자의 삶을 변화시킬 수 있는 강한 동기를 부여하고, 타인과의 관계성에 대해 다시 한 번 적용해 볼 수 있도록 친구의 장점을 발견하고 칭찬해 주도록 한다. 일명 '릴레이 맑은 샘 붓기' 과정이다.

(방법1) 학습자 구성원을 그룹화해서 한 명씩 정해 그 친구를 향한 칭찬 한 마디를 릴레이 맑은 샘 붓기 게시판에 100자 이내로 간단하게 적도록 한다.

(방법2) 전체 반별 학습자끼리 서로 다른 친구를 칭찬하도록 하는데, 이럴 경우 한 사람에게 집중되는 것이 아니라 모든 학생들이 중복되지 않도록 칭찬하는 방식이다. 이는 아직 맑은 샘을 못 받은 친구를 찾아서 게시판에 칭찬의 한마디를 적는 방법으로 진행해 준다.

3) 친구 초청하기(플래시 동영상 보고 친구에게 메일 보내기)

기독 신앙을 가진 학생뿐 만 아니라 일반 학생(Not Yet Christian)들에게도 본 학습의 주

[그림 3-3-05] 친구 초청하기 예시

제인 관계의 회복이 하나님과의 관계를 회복해야 함을 깨닫도록 해야 한다. 인간은 죄로 인해 관계가 단절되어 많은 문제들이 발생하는 것이고, 예수님은 깨어진 관계의 회복을 위해 이 땅에 오셨으며 십자가를 지셨음을 학생들에게 전하기 위해 친근감 있고 이해하기 쉽게 만화로 표현된 플래시 동영상을 보여준다. 이 동영상은 기독 만화 홈페이지를 통해 연결하거나 플래시 파일 소스를 구해 연결할 수 있다.

이 화면에는 '친구 초청하기' 버튼이 있어서 종교 수업을 선택하지 않은 친구들에게 플래시가 포함된 메일을 보내어 종교 수업 온라인 사이트를 방문할 수 있도록 프로그램을 연결한다. 이는 [그림 3-3-05]와 같이 적용될 수 있다. 초청받은 친구가 본 온라인 과정을 흥미를 가지게 된다면 계속 수강이 가능하게 되고, 이로 인해 하나님을 알고 구원받을 수 있는 계기가 될 수 있을 것이다. 초청한 학습자나 초청받아 온라인 학습을 수강한 학습자 모두에게 포인트를 주는 것도 효과적이다. 학습 과정 중에 받는 학습자별 누적 포인트 활용 방법은 이러닝 운영 측면에서 심도 있게 다룰 수 있는 부분이기 때문에 본 연구에서는 제외되었다.

Ⅲ. 결 론

학생들은 보는 만큼 변하고 경험한 만큼 변하게 된다. 가장 심도 있는 학습을 흔히 "경험학습"이라고 하는 것처럼 무엇인가를 행하면서 학습하는 것은 중요하다. 따라서 블렌디드 러닝을 통해 문화적, 사회적 경험을 하도록 교사가 학습 형태를 어떻게 만들어 나갈 것인가는 중요한 문제이다. 결국, 교육 훈련의 핵심은 교수설계이며, 프로그램 설계와 전달에 있어서 가장 중요한 사람은 개발자나 기술자가 아니라, 여전히 강사와 내용 전문가임[20]은 분명한 사실이다.

학생들에게 그리스도인으로서의 올바른 인격적 삶을 살 수 있도록 도와주고 양육하는데 교목 혹은 종교 교과 교사에게만 의존해서 해결될 문제는 결코 아닐 것이다. 따라서 모든 교사들이 우선 변해야 하고, 함께 고민하며 해결해야 할 과제라고 생각된다. 본 연구 과제에서는 기독교 학교의 종교 교과 수업에서의 온라인을 통한 연계성을 시도해 보았지만, 이는 모든 교과목에서 이루어지는 교실 수업의 일부 활동을 이러닝 활동으로 대체 심화학습을 할 수 있도록 다양한 방법으로 적용할 수 있을 것이다. 여기서 무엇보다 중요한 것은 기독교 세계관이 모든 학습에 자연스럽게 스며들어 있어야 한다는 것이다.

교회가 주일에 한두 시간 동안 이루어지는 교육으로 교회 학교의 역할을 다한 것이 아니듯이, 기독교학교 또한 일주일 종교 수업 한 번 혹은 예배 한 번만으로 학생들이 그리스도의 장성한 분량에 이르도록 성숙한 인격을 이루게 되는 것은 분명 아닐 것이다. 따라서 기독교 정신에 입각하여 설립된 기독교 학교가 하나님의 일꾼과 자녀로 청소년들을 양육하기 위해서는 종교와 학교가 분리됨 없이 모든 학교생활과 교과목에 있어서 변화하는 이 세대를 신속히 감지하여야 한다. 이와 동시에 인터넷 세대인 청소년 문화와 공감대를 형성하여 다양한 학습 모델을 연구·개발하여 다음 세대로 이어줄 수 있는 교육패러다임이 시도되어야 한다. 교사가 한 영혼을 향한 헌신과 사명감 없이 가르칠 때 오히려 교육 정책 이전에 기독교 학교 교육의 정체성을 상실하는 위험 요인이 될 수 있음을 잊지 말아야 할 것이다.

---

20) John Bersin, 『블렌디드러닝: 이론과실제』, 2006, 서울: 아카데미프레스, p.231.

참고문헌

남정권 (2005). 웹 기반 학습 환경에서 집단 유형과 과제 유형에 따른 자기조절학습 효과에 관한 연구. **교육방법연구. 17(1).** 19 – 38.

남정권 (2007). **체제적 ICT 활용 수업의 이론과 실제: 체제적 프로젝트 기반 수업 설계.** 서울: 원미사.

송영수 (2003). 새로운 인재 양성 패러다임과 Blended learning의 등장. **인사관리 7월호.** 18 – 21.

임정훈 (2004). 혼합형 학습(blended learning) 전략의 초 · 중등학교 현장 적용 가능성 탐색. **교육학연구.** 42(2). 399 – 431.

한국교육학술정보원(2001). **ICT 활용교육 장학지원 요원 연수교재.**

Driscoll, M. (2002). Blended learning. *e – Learning, 3*(3), 54 – 56.

Downes, S. (2007). Collaboration Tools. Retrieved Aug 14, 2007, from http://en.wikipedia. org/wiki/Collaboration

Graham, C. R(2006). Blended Learning Systems. In C. J. Bonk, C. R. Graham (Eds.), The Handbook of Blended Learning (3-21). CA: Pfeiffer An Imprint of Wiley.

Graham, C. R., Allen, S., & Ure, D. (2003). Blended learning environments: A review of the research literature. Umpublished manuscript. Provo, UT.

Hawkridge, D. (2002). Distance Learning and Instructional Desegn in International Settings. In Reiser & Dempsey (Eds.), *Trends and Issues in Instructional Design and Technology*, 269 – 278. Upper Saddle River, NJ: Pearson Education, Inc.

Horton, W. (2006). *E – Learningin by Design*. CA: Pfeiffer An Imprint of Wiley.

Katzenbach, Jon R., & Douglas K, Smith. (2003). The Wisdom of Teams. New York, NY: HarperCollins, Retrieved Aug 14, 2007, from http://en.wikipedia.org/wiki/Colla boration

Knupfer, N. N. (1997). Gendered by design. *Educational Technology, 37*(2), 31 – 37.

Molenda, M., Pershing, J. & Reigeluth, C. (1996). Designing instructional systems. In R. Craig(Ed.), *The ASTD training and development handbook* (4th ed.), 266 – 293. NY: McGraw – Hill.

Osguthorpe, R. T., & Graham, C. R. (2003). Blended learning systems: Definitions and directions. Quarterly Review of Distance Education, 4(3), 227-234.

Powell, G. (1997). On being a culturally sensitive instructional designer and educator. *Educational Technology, 37*(2), 6 – 14.

Richey, R. (1995). Trends in Instructional Design: Emerging Theory – Based Models. *Performance Quarterly, 8*(3), 96 – 110. Retrieved May 24, 2001, from http://www.itthe ory.com/idtrends.htm.

Romiszowski, A. (2004). E – learning systems for public education: planning, pedagogical and management issues. **한국교육공학회 춘계학술대회 발표논문집.** 1 – 25.

Rothwell, W. (2006). Getting Started in e – Learning and Blended Learning. In W. J. Rothwell, M. N. Butler, D. L. Hunt & J. Li, C. Maldonado, K. Peters, D. J. King stern (Eds.), *The Handbook of Training Technologies* (173 – 182). CA: Pfeiffer An Imprint of Wiley.

Smith, P. K., & Ragan, T. J. (2005). *Instructional Design* (3rd ed.). NJ: John Wiley & Sons, Inc.

Thorne, K. (2003). *Blended Learning*: How to Integrate Online & Traditional Learning. Kogan Page Ltd. 김성길 외(역) (2005). **블렌디드 러닝: 온라인과 오프라인을 통합한 혼합교육.** 서울: 학지사.

색 인

(ㄱ)

가상 과학박물관 181
가상 실험실 84, 85
강의 자료 제작 33, 42, 44, 53, 60, 106, 154
개별 응답 시뮬레이션 88, 89
개인 자료 올리기 176
게임 및 시뮬레이션의 용도 85
경고음 136
과제 유형 58, 205
과학 원리 120, 124, 131
관계 찾기 201
교사와의 상담 170, 175
교수형(hangman) 퍼즐 87
금속 탐지기 137
기독교 학교 157, 193~195, 204
기독교 학교 종교 수업 193
기본 단원 36~38, 42, 101, 102, 152
꿀맛 닷컴 167, 170

(ㄴ)

농업 박물관 181, 186

(ㄷ)

다이나믹 마이크 133
단어 퍼즐 87
독서 논술 161, 170, 173
독서 신문 169
독서 오름길 168
독서 일기 168
독서 퀴즈 161, 167, 169~172
독서 토론 160, 173, 174
독서 포트폴리오 163, 166
독서지도 159, 160
독서활동의 방법 75
독서활동의 용도 74
독서활동의 유형 75
독창성 20, 21, 191
독창적인 작업 활동 91, 94, 191
독후감 모음 170, 171

(ㄹ)

드라마 69, 71, 73
드림위버(Dreamweaver) 81, 87
디렉터 쇽 웨이브 플러그인(Director Shockwave
     plugin) 88
디렉터(Director) 88
디지털 도서관 177
디지털 멀티미디어 이동방송 72

(ㄹ)

릴레이 맑은 샘 붓기 202

(ㅁ)

마인드맵 21
맞춤식 학습 19
모바일 온라인 여행 77, 78
모바일 폰 77, 78
모바일(mobile) 77, 92
목적의 문제 33, 42, 44, 53, 60, 95, 100, 110,
     121, 142, 143, 150, 151
무임 승객 효과 43
물리적인 시범보이기 69, 70
미니소드(minisode) 71

(ㅂ)

발견 활동의 용도 84
발견 활동의 종류 84
발표하기 33, 42, 44, 53, 60, 65, 69, 116, 154
발표하기의 용도 69
발표하기의 유형 69
방법(How)의 문제 32, 44
봉 효과 43, 103
부익부 현상 43, 103, 179
브레인스토밍 21, 37, 38, 83, 91, 92, 191
블랜딩(Blending) 22, 23, 26
블렌디드 수업 7, 15, 17, 19~23, 26, 29, 68, 95,
     157, 159
블렌디드 수업 전략 15, 22, 23, 26, 68
블렌디드 수업(instruction) 19
블로그 75, 100, 103, 106, 116, 152~154

(ㅅ)

사례 연구 23, 84, 85
생물 다양성관 181, 183
서술적 이론 31
소프트웨어 시뮬레이션 70, 88
소프트웨어의 시범보이기 69, 70
수업 계획 세우기 33, 42, 44, 53, 60, 111, 122
수업 설계 모형 32
수학 시뮬레이션 88, 89
숙고 활동 91, 191
스캐너 115
스토리보드(storyboard) 46, 83
스피커 102, 103, 124, 126, 127, 129, 131~133
슬라이드 쇼 69, 70, 180
시기(When)의 문제 60
시나리오 기반 상호작용 199, 201
시너지(synergy) 효과 83
시뮬레이션의 종류 및 설계 88
실습 활동의 용도 79
실습 활동의 종류 79
실행 활동 79, 90, 91, 93, 157, 163, 187, 191, 199
실행 활동 유형의 설계 전략 79
심화 단원 36, 37, 39, 42, 101, 102, 110, 152, 153
십자말풀이(crossword) 퍼즐 87

(ㅇ)

아리수 사이트 187
안내된 분석 활동 81, 82
역할극 71, 83~85, 196, 199
연결 활동 90, 91, 93, 157, 180, 191, 192, 201, 202
연결 활동 유형의 설계 전략 90
연결 활동의 용도 90
연결 활동의 종류 91
연구 활동 83, 91, 93, 191, 201
영화 37, 69, 71, 196, 198, 201
온라인 가정학습 170, 174, 175
온라인 박물관 75, 78
온라인 여행안내 76, 78
온라인 자료 탐구 179
와이브로 72
외르스테드 134, 135
유연성 20, 21, 135
유창성 20
이러닝(e - learning) 설계 전략 15, 68
이야기 공유(story sharing) 72
이야기 공유하기의 용도 72
이야기 공유하기의 유형 72
이야기를 공유하는 방법 72
이어폰 122, 124~129, 131~133
인사 나누기 33, 34, 42, 44, 53, 60, 100, 110
인터뷰 시뮬레이션 88

(ㅈ)

자기 효과 103
자기조절학습 58, 205
자료 정리하기 33, 42, 44, 53, 60, 61, 117, 137
자료 탐색하기 33, 34, 40, 42, 44, 53, 60, 111, 152
자전거의 전조등 137
장치 시뮬레이션 88, 89
전자기 유도 122~124, 131, 133, 134, 136, 137
전자기 유도 현상 136
전자서적(electronic books) 74
전자책 도서관 177
점자 지도 97, 98, 106, 151
점자일람표 99
정교성 20, 21
조별 활동 계획 세우기 43, 53, 60, 112
주문형 비디오 72
주제 선정하기 33, 34, 36, 42, 44, 53, 57, 60, 101, 110, 121, 152
직무보조 활동 91~93, 191
직소 퍼즐 87
집단 유형 58, 205

(ㅊ)

참여 활동 79~81
창의력 20, 21, 37, 54, 92
책 표지 169
처방적 이론 31
천문 우주관 181, 185
체계적 접근 29~31
체제적 ICT 활용 수업 15, 32, 33, 110, 142, 205
체제적 접근 29~31, 33, 140
체제적(systemic) 접근 모형 32
친구 초청하기 202, 203

(ㅋ)

캡티베이트(Captivate) 81
퀴즈 쇼 86

(ㅌ)

토론 18, 42, 45, 65, 69, 71, 79, 83~85, 92, 102, 103, 112, 153, 160~162, 174, 187, 202

팀워크 활동 80, 82, 83

(ㅍ)

파워포인트 제작 46
패류 박물관 182
퍼블리셔 33, 42, 44~46, 48, 49, 51~53,
    56~58, 60, 65, 66, 111~114, 116~118
퍼블리셔(Publisher) 45, 46
페러데이 134~136
페러데이의 법칙 134
평가하기 33, 42, 44, 53, 60, 61, 65, 81, 117
포드캐스트(podcast) 69, 71
포켓PC 77, 78
포트폴리오 117, 154, 163
포트폴리오(portfolio) 38
프로젝트 기반 학습 설계 109
프로젝트 수업 33, 36, 38, 39, 42, 43, 61, 65, 111
프로젝트 수업 계획 42, 43
플래시(Flash) 75, 81

(ㅎ)

하이퍼링크(hyperlink) 50
학습 설계서 33, 38, 42, 44, 53, 60, 117
학습 자료 제작 33, 42, 44, 45, 53, 60, 66, 117
학습자 자료 33, 44, 104, 112, 132, 146, 154
핫 스폿(hot spot) 50
핵심 단원 36~38, 42, 101, 102, 152
현장 견학하기의 용도 75
현장 견학하기의 유형 76
현장 여행 77, 78
혼합형 수업 19
혼합형 학습 19, 205
홈페이지 제작 33, 42, 44, 49, 53, 58, 60, 66, 67,
    109
홍보물 제작 33, 42, 44, 46, 53, 60, 65~67, 105
화면 제시형(on screen) 92
화석 박물관 181, 184
환경 시뮬레이션 88, 90
훈련과 실습 활동 80
흡수 활동 유형의 설계 전략 68

(A)

ASE 32

(B)

Blended learning 17, 19, 205
Breeze Presenter 85

(D)

DMB 72

(G)

Guided research 방식 93

(H)

hands on activities 80

(I)

ICT 활용 수업 32, 36, 95, 118, 141, 142, 150

(N)

NeoSpeech 합성 프로그램 88

(P)

PDA 72
PDF 75
Pocket PC 92

(S)

Scavenger hunt 방식 93

(U)

UCC 71

(V)

VOD 72

(W)

WiBro 72

남정권
(南廷權)

● 약력 및 경력
- 충남대학교 전자공학과 졸업(공학사)
- 한양대학교 교육대학원 공업교육과 졸업(교육학 석사)
- 한양대학교 일반대학원 교육공학과 졸업(교육공학 박사, Ph. D)
- 가톨릭대, 성결대, 숙명여대, 인천대, 인하대, 한양대 강의
- 2005 수능 평가기준 개발위원(한국직업능력개발원)
- 정보소양 인증시험 출제위원(한국교육학술정보원)
- 교육과정 심의위원(교육과학기술부)
- 2종 교과서 심의위원(교육과학기술부)
- 출판사업 기획위원(한국교육신문)
- 국정도서 집필위원(한국직업능력개발원)
- 전국실천중심교수·학습자료 협의회장(교육과학기술부)
- 전국 교육 자료 전 심사위원(한국교원단체총연합회)
- 홍보위원(한국교원단체총연합회)
- 교섭위원 및 부대변인(경기도교원단체총연합회)

● 주요 논저
- 학교의 정보통신기술 교육에 있어서 교육공학의 역할(2002). 춘계학술대회. 한국교육공학연구회. 103-127
- 2005 수능 직업탐구영역의 과목별 성취기준과 평가기준 개발(2003). 한국직업능력개발원. 수탁연구 03-8-12
- 진정한 이러닝을 위한 EBS 수능 인터넷 강의 전략(2004). 춘계학술대회. 한국교육공학연구회. 103-119
- 웹 기반 학습 환경에서 집단유형과 과제유형에 따른 자기조절학습 효과에 관한 연구(2005). 교육방법연구. 17(1). 19-40
- 학교교육에서 SNS의 교육적 활용: 제13회 교육정보화 수요포럼(2010. 10. 06). 한국교육학술정보원(KERIS)
- EBS 수능 choice 정보기술기포(2003)
- 시선집중 정보기술기초 문제집(2004)
- 최종점검 직업탐구 공업계열(2005)
- WBI 환경과 자기조절학습(2006)
- 체제적 ICT 활용 수업의 이론과 실제(2007)
- 블로그 활용 수업의 실제(2008)
- 고등학교 기업가 정신(2011)
- 고등학교 디지털논리회로(2011)
- 만화속 교직실무(2011)
  외 다수

이메일: iamnjk@paran.com

블렌디드 수업
설계 전략 개정판

초 판 인 쇄 | 2008년 5월 15일
초 판 발 행 | 2008년 5월 15일
개정판발행 | 2011년 5월 15일

지 은 이 | 남정권
펴 낸 이 | 채종준
펴 낸 곳 | 한국학술정보㈜
주   소 | 경기도 파주시 교하읍 문발리 파주출판문화정보산업단지 513-5
전   화 | 031) 908-3181(대표)
팩   스 | 031) 908-3189
홈 페 이 지 | http://ebook.kstudy.com
E - m a i l | 출판사업부 publish@kstudy.com
등   록 | 제일산-115호(2000. 6. 19)

ISBN   978-89-268-2220-3 93370 (Paper Book)
            978-89-268-2221-0 98370 (e-Book)

이 책은 한국학술정보㈜와 저작자의 지적 재산으로서 무단 전재와 복제를 금합니다.
책에 대한 더 나은 생각, 끊임없는 고민, 독자를 생각하는 마음으로 보다 좋은 책을 만들어갑니다.